베네치아 상인

마르코 폴로, 실크로드를 따라 동방을 누비다

Original title: Adventures on the Ancient Silk Road
Originally published in North America by Annick Press Ltd.

ⓒ 2009, Priscilla Galloway, Dawn Hunter(text)/Annick Press Ltd.

All rights reserved. No part of this book may be used or reproduced in any manner whatever without written permission except in the case of brief quotations embodied in critical articles or reviews.

Korean translation copyright ⓒ 2010 by AcaNetJunior, a division of AcaNet
Korean edition is published by arrangement with Annick Press Ltd.
through Chokobux Agency.

이 책의 한국어판 저작권은 초코북스 에이전시를 통한 저작권사와의 독점계약으로 아카넷주니어에 있습니다. 저작권법에 의해 한국 내에서 보호를 받는 저작물이므로 무단 전재와 복제를 금합니다.

실크로드로 배우는 세계 역사 ❸

베네치아 상인
마르코 폴로, 실크로드를 따라 동방을 누비다

아카넷주니어

▶일러두기
· 일부 나라명과 지명은 해당 지역의 발음에 따라 외래어 용례집을 참고하여 표기하였습니다.
· 마르코 폴로의 여행 경로는 저자의 저술을 바탕으로 하였으며 몇몇 도시들은 생략되었음을 밝혀 둡니다.
· 책에 실은 도판들은 저작권자를 찾아 허가를 받아 사용하였고, 저작권자를 찾지 못한 일부 도판은 최선을 다해 저작권자를 찾아 사용료를 지불하겠습니다.

실크로드 Silk Road 비단緋緞길

아주 오래전, 자신의 꿈을 이루기 위해 어떠한 위험도 감수하고 실크로드를 건넌 사람들이 있습니다. 하지만 그들이 남긴 글과 그들이 살았던 시대를 기록한 글 어디에서도 '실크로드'라는 말을 찾아볼 수 없습니다. 실크로드는 독일의 지리학자 페르디난트 폰 리히트호펜이 자신의 책인 『중국』(1877)에서 중앙아시아의 고대 교역로를 가리키는 말로 처음 사용했습니다. 이 길을 통하여 운반되었던 고대 중국의 비단(실크) 때문에 붙여진 이름이었습니다. 실크로드는 단순한 교역로가 아니라 세계의 동쪽 지역과 서쪽 지역을 잇는 문명 교류의 통로였습니다.

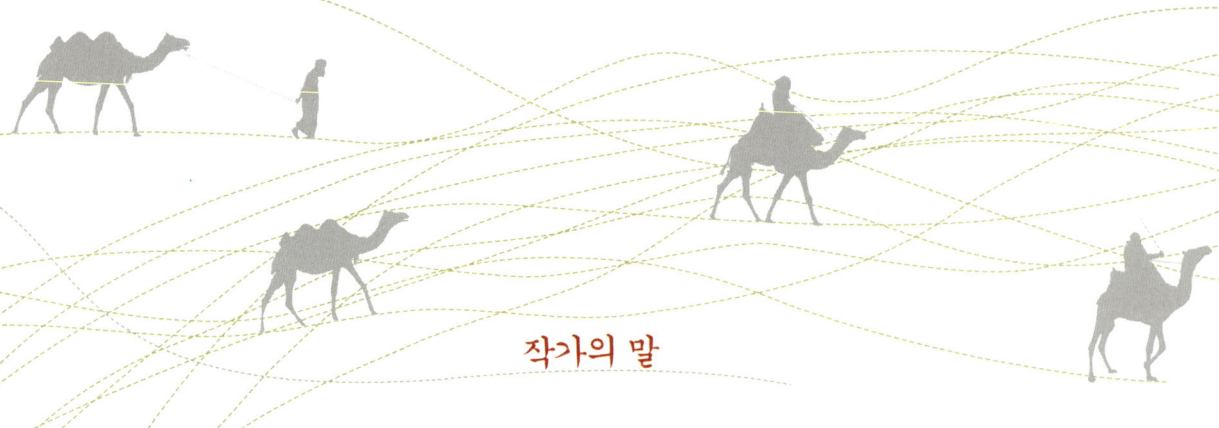

작가의 말

실크로드. 오랜 세월 동안 이 이름은 마치 알라딘이 램프에서 지니를 불러낸 것처럼 먼 이국땅의 풍경과 냄새, 소리를 불러냈습니다. 뜨거운 태양에 반짝이는 사막의 모래. 세찬 눈보라가 몰아치는 꽁꽁 언 산길들. 낙타 카라반의 지독한 악취. 시장에서 들리는 왁자지껄한 소음. 이 이름은 무엇보다 부드럽고 살랑거리는 화려한 비단을 떠올리게 했습니다.

실크로드는 단 하나뿐인 길은 아니었습니다. 이 길은 중국에서부터 사마르칸트, 바그다드, 콘스탄티노플 같은 도시들을 거쳐 인도와 이집트, 모스크바, 베네치아, 그 밖의 다른 유럽의 도시들로 이어지는 모든 교역로를 일컬었습니다. 실크로드는 육상 뿐만 아니라 해상으로도 이어져 있었습니다. 돛이나 노의 힘을 빌려 배로 이동하기도 한 것입니다. 하지만 대부분은 육로를 통해 사람과 동물과 짐들이 오고 갔습니다.

실크로드를 따라가는 여행은 길고도 험했습니다. 중국에서 남인도까지 가는 여행은 일 년이 걸리기도 했습니다.

실크로드는 화려한 궁궐과 건물들이 세워진 부유한 도시들을 연결하고, 이 도시

들을 둘러싸고 있는 비옥한 논과 밭들을 통과하기도 했습니다.

그러나 실크로드는 대부분 사람이 거의 살지 않는 황량하고 바위투성이인 곳이 많았습니다. 그래서 여행객들은 종종 목숨을 위협하는 강도를 만나 곤욕을 치렀습니다. 또 마른 사막의 허기와 갈증을 견뎌야 했으며, 폭풍과 눈사태 속에서 절망하기도 했습니다. 전쟁 중인 나라를 지날 때면 군사들에게 갈취당하기도 하고 가끔은 목숨을 잃기도 했습니다. 아주 위험한 시기에는 실크로드를 여행하는 사람들이 거의 없었지만 평화가 찾아오면 길은 다시 이곳저곳으로 상품을 실어 나르는 사람들로 북적거렸습니다. 실크로드는 그렇게 기원전 5세기부터 시작되어 약 2천 년 동안 지속되어 왔습니다.

수 세기 동안 많은 것이 실크로드를 따라 이동했습니다. 중국의 비단과 보석, 금, 모와 면, 소금과 같은 교역품들이 상인들을 통해 전해졌습니다. 또한 새로운 사상과 문화도 실크로드를 따라 전해졌습니다. 불교와 이슬람교와 같은 종교가 한 나라에서 다른 나라로 전해지고, 새로운 기술과 발명, 예술과 문학도 마찬가지였습니다.

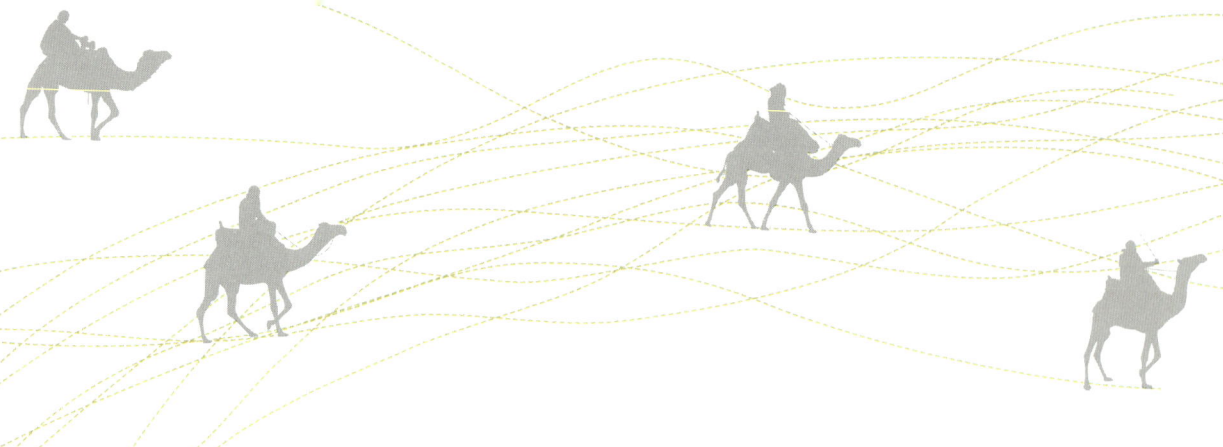

「실크로드로 배우는 세계 역사」 시리즈는 저마다 다른 이유로 실크로드를 따라 길을 떠난 역사 속 인물들의 이야기를 들려줍니다. 이 모험가들은 많은 물품과 문화의 교류에 지대한 공헌을 했을 뿐만 아니라 세계사에도 큰 변화를 가져왔습니다. 그들의 도전이 없었다면 어떤 종교는 사라졌을지도 모르고, 또 어떤 나라들은 여전히 고립된 채 남아 있었을 것입니다. 크리스토퍼 콜럼버스 역시 중국을 향해 떠날 시도를 하지 않았을 것이고, 그랬다면 그가 북아메리카를 발견하는 일도 결코 일어나지 않았을 겁니다.

「실크로드로 배우는 세계 역사」 시리즈 가운데 세 번째 책인 『베네치아 상인 마르코 폴로, 실크로드를 따라 동방을 누비다』의 주인공인 마르코 폴로는 13세기 이탈리아의 도시 국가인 베네치아의 상인이었습니다. 대대로 상인 집안 출신이었던 그는 아버지, 삼촌과 함께 베네치아에 있는 그들의 집에서부터 베이징에 있는 중국 황제의 궁궐까지 8,000킬로미터에 달하는 길고도 먼 교역 여행을 했습니다. 당시 유럽인들에게 중국을 비롯한 동방 세계는 아름다운 비단을 비롯해서 놀라운 상품으로 가득한 신비

의 땅이었습니다. 중국에서 물건을 가져와 비싼 값으로 팔기만 하면 바로 부자가 될 수 있었지요.

　마르코는 대상인의 꿈을 가지고 실크로드로 떠났습니다. 물론 미지의 세계 중국과 동방을 향한 여정은 쉽지 않았습니다. 여러분은 이 책을 통해 마르코가 겪은 수많은 위기를 함께 경험하게 될 것입니다. 또한 13세기 유럽인이었던 마르코의 눈으로 동방의 이국적인 풍경과 풍물도 만나게 될 것입니다. 그리고 실크로드라는 이름이 붙여지게 된 과정도 알게 될 것입니다. 그럼 이제 베네치아의 상인 마르코와 함께 서쪽 대륙 유럽에서 동방으로의 여행을 떠나 볼까요?

프리실라 갤러웨이

[차례]

○작가의 말 6

○실크로드의 상인, 마르코 폴로 14

1장 베네치아에서 페르시아 호르무즈까지

마르코의 어린 시절 24

아버지의 여행 32

여행을 떠나다 38

2장 호르무즈에서 카슈가르까지

남쪽을 향해 44

사막과의 전쟁 50

산을 오르다 60

3장 카슈가르에서 청두까지

칸을 만나다 68

칸을 위해 일하다 82

떠나기 위한 시도 88

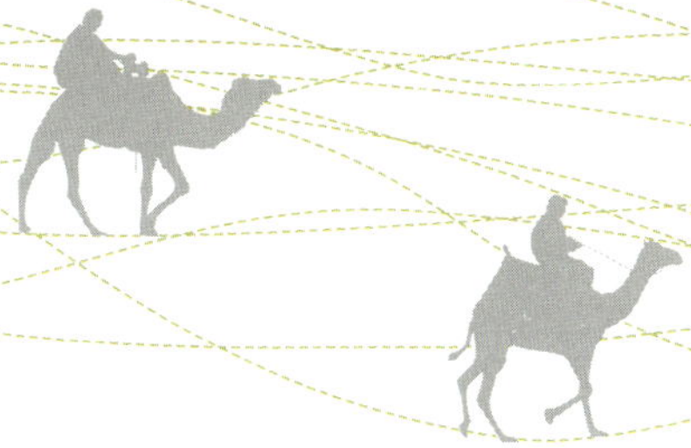

4장 고국으로 돌아오다

베네치아로 돌아오다 96

슬픈 귀국 103

마르코의 책 105

○ 실크로드로 배우는 세계·문화·역사 108

마르코 폴로는 어떤 사람일까요?

『동방견문록』은 어떤 책일까요?

마르코 폴로의 시대, 중세 유럽

실크로드와 동서 교역

마르코 폴로의 실크로드 여행 경로

세계 역사 연표

○ 찾아보기 123

○ 사진 출처 127

▶ **톈산 산맥**
마르코 폴로는 톈산 산맥의 남쪽 길을 따라 원나라 상도에 도착했다.

[실크로드의 상인, 마르코 폴로]

　　마르코는 아버지 니콜로와 삼촌 마페오를 앞질러 얼른 건널 판자를 내려왔습니다. 누구보다도 먼저 배에서 내리고 싶었거든요. 긴 여행 끝에 마르코 일행은 마침내 아르메니아의 시끌벅적한 라이아스 항에 도착했습니다. 열일곱 살 마르코는 전 세계에서 온 신기한 물품으로 가득한 시장을 보고 싶어 견딜 수가 없었습니다. 베네치아 상인인 그의 아버지와 삼촌은 이미 이곳에 와 본 적이 있었습니다. 마르코는 이제 곧 톡 쏘는 냄새가 나고 여러 가지 색을 가진 향신료 자루를 수백 개는 볼 수 있을 거라는 말을 들었습니다. 그뿐만이 아니죠. 손에서 스르르 미끄러질 만큼 곱고 부드러운 빨강, 노랑, 파랑의 형형색색 비단들을 볼 수 있단 말도 들었습니다.

　　그러나 기대했던 향신료의 아름다운 색과 코를 자극하는 냄새보다 먼저 마르코를 맞아 준 것은 엄청난 소음이었습니다. 해안에 발을 내딛자마자 마르코는 움찔했습니다. 한 무리의 군사들이 무기를 손에 단단히 쥐고 구령을 외치며 마르코 앞을 지나 뛰어가고 있었습니다. 여기저기서 쨍그랑쨍그랑 쇠붙이가 부딪히는 소리도 들렸습니다. 찌그러진 철갑을 망치로 두드리는 소리였습니다. 무뎌진 칼날을 날카롭게 가는 사악사악 소리도 들렸습니다.

　　마르코는 깜짝 놀라 얼른 아버지에게 달려갔습니다.

　　"아버지, 아버지, 도대체 무슨 일이죠?"

마르코가 물었습니다.

"우리가 뭘 잘못했나요?"

"아니야. 우리 때문이 아니란다."

니콜로는 부두 저편의 소란스러운 광경을 지켜보며 침착하게 말했습니다.

"하지만 좋지 않은 때에 도착한 건 분명한 것 같구나. 하필이면 우리가 도착할 때 도시가 공격을 당하니 말이다."

▶ 마르코 폴로(1254~1324)
베네치아 상인으로 동방으로 교역 여행을 떠나 중국 원나라에서 17년을 보낸 후 돌아와 여행 기록인 『동방견문록』을 남겼다.

주변의 소리가 시끄러워지자 아버지의 목소리는 커졌습니다.

"마르코, 이쪽으로 와라. 선원들이 물건을 빨리 내릴 수 있게 도와주자. 저 사람들은 가능하면 빨리 이 항구를 빠져나가고 싶어 할 거야."

"우리도 마찬가지죠. 빨리 빠져나가야만 해요."

삼촌 마페오는 이렇게 말하면서 돈 주머니의 끈을 바짝 조여 가슴 안쪽으로 보이지 않게 밀어 넣었습니다.

"이 전쟁은 우리와 아무 상관없어요. 그러니까 우리는 한시라도 빨리 떠날 수 있게 짐을 빨리 내립시다."

함께 여행 중인 수사 두 명을 포함한 일행 모두가 고개를 끄덕였습니다.

그때 갑자기 옆에서 쉬익 하는 소리가 났습니다. 깜짝 놀란 마르코는 하마터면 넘어질 뻔했습니다. 대장장이가 용광로에서 하얗게 달궈진 편자를 꺼내 물통에 담그자 뜨거운 편자와 차가운 물이 만나면서 난 소리였습니다. 대장장이의 모습이 피어오르는 김 너머로 보였습니다. 마르코의 얼굴은 벌겋게 달아올랐습니다. 그는 짐 내리는 일을 도우러 달려갔습니다.

마르코는 짐을 내리면서도 눈은 연신 소란스러운 일이 벌어지고 있는 저쪽을 향하고 있습니다. 두 명의 수사도 마찬가지였습니다. 멀리서 칼과 창들이 부딪는 소리가 들렸습니다. 사람들의 끔찍한 비명 소리도 들려왔습니다. 건물이 불타면서 나는 매캐한 연기 때문에 눈물이 나기도 했습니다. 바짝 겁을 먹은 수사들은 얼굴이 창백해졌습니다. 그들은 손을 부들부들 떨면서 짐 쌓는 일을 도왔습니다.

녹초가 된 군인 두 명이 사람들로 붐비는 부두 쪽으로 들것을 들고 조심조심 걸어왔습니다. 들것에는 의식을 잃은 군인 한 명이 누워 있었습니다. 주름 잡힌 얼굴에는 먼지가 하얗게 덮여 있고, 이마에는 땀이 구슬처럼 맺혀 있었습니다. 가슴에는 화살이 박혀 있었는데, 화살 주위로 붉은 피가 번지고 있었습니다. 마르코는 너무 놀라 눈이 휘둥그레졌습니다.

수사들은 재빨리 들것에 누워 있는 군인에게로 달려갔습니다. 수사 한 사람이 누워 있는 군인의 머리에 조심스럽게 손을 얹었습니다. 다른 수사는 목에 걸고 있던 긴 목걸이에 달린 십자가를 움켜쥐고 기도문을 외기 시작했습니다. 마르코는 그 모습을 뚫어지게 바라보았습니다. 손이 떨렸고, 식은땀이 났습니다. 마르코는 손을 옷에 쓱쓱 문질렀습니다.

    마르코는 오직 중국에 가고 싶다는 생각으로 아버지와 삼촌을 따라 이 여행길에 나섰습니다. 여행길에 이런 위험이 있을 거라고 전혀 짐작하지 못했습니다. 그렇다면 이런 위험을 겪고 난 다음 그는 어떻게 됐을까요? 이제 어떤 위험이라도 맞설 준비가 된 걸까요?

▶ [아르메니아]
소아시아 서북부 카프카스 산지 지역에 있는 나라

▶ [베네치아의 상인들]
베네치아의 상인들은 홀로 세계 곳곳을 여행하면서 교역했다. 많은 상인들이 이집트로 가거나 실크로드를 따라 동방으로 가기 위해 육로 여행을 했다. 상인들은 한번 여행을 떠나면 종종 여러 해 동안 고국으로 돌아올 수 없었다. 16세기 말에 윌리엄 셰익스피어는 「베네치아의 상인」이라는 희극을 쓰기도 했다.

『동방견문록』, 마르코 폴로의 교역 여행기

마르코 폴로는 대대로 장사를 해 왔던 집안에서 태어났습니다. 마르코는 실크로드를 따라 멀리 동방으로 교역 여행을 떠났던 경험을 책으로 남겼습니다. 『동방견문록』으로 알려진 마르코의 책은 『세계의 설명』, 『베네치아인 마르코 폴로의 여행』, 『일 밀리오네』 등 여러 가지 제목으로도 불리고 있답니다. 제목이 어떻든 마르코의 책은 지금까지 나온 여행기들 가운데 가장 중요한 책 중 하나로 꼽힙니다. 왜냐하면 이 책을 통해서 13세기의 유럽인들이 비로소 자신들이 알고 있는 세상이 전부가 아니라 더 넓은 세상이 펼쳐져 있다는 사실을 알게 되었기 때문입니다.

마르코는 매일매일의 여행과 개인적인 경험을 기록한 것이 아니라 방문한 각 지역에서의 교역 경험들을 적었습니다. 상인이었던 마르코에게는 자신의 이야기나 자신이 만난 사람들에 대한 이야기보다 실크로드에서의 교역이 더 중요했기 때문이지요.

『동방견문록』은 마르코 폴로의 자신의 이야기가 아니라 교역 여행에 대해서 썼기 때문에 우리는 그의 어린 시절에 대해서 잘 알 수 없습니다. 그가 언제 태어났는지, 어머니 이름은 무엇인지 정확히 알 수 없습니다. 우리가 알 수 있는 것은 마르코의 어머니가 남편이 중국으로 떠나 있는 동안 세상을 떠났다는 사실뿐입니다. 게다가 마르코는 살아 있는 동안에는 사람들에게 잘 알려지지 않았던 인물이었습니다. 그의 책이 유명해진 다음에도 학자들은 한동안 마르코가 쓴 책의 내용을 진지하게 받아들이지 않았습니다. 또 마르코에 대해 자세히 쓴 작가도 한 명 없었습니다.

그에 관한 책은 16세기에 와서야 지오바니 바티스타 라무치오라고 하는 사람에 의해 쓰였습니다. 그는 마르코의 삶에 대해 가능한 많이 알아내려고 노력했습니다. 마르코 폴로에 대해 알려진 사실 가운데 대부분이 라무치오가 밝힌 것들입니다.

▶ 마르코 폴로

▶ 마르코 폴로의 실크로드 여행 경로

▶ 마르코 폴로의 실크로드 여행 경로 | 베네치아 - 라이아스 - 호르무즈

1장 베네치아에서 페르시아 호르무즈까지

아버지가 교역 여행을 떠나 있던 사이 마르코의 어머니가 돌아가셨습니다. 혼자 남겨진 마르코는 삼촌 집에서 살게 됩니다. 베네치아 항구 근처에 있는 삼촌 가게에서 마르코는 장사 일을 배우며 동방으로 교역 여행을 떠날 꿈을 키웠습니다. 그리고 7년 만에 돌아온 아버지를 따라 드디어 중국으로 교역 여행을 떠나게 됩니다.

[마르코의 어린 시절]

마르코 폴로는 1254년에 아드리아 해 북쪽 끝에 있는 이탈리아의 베네치아에서 태어났습니다. 마르코의 아버지 니콜로와 삼촌 마페오는 귀족이면서 부유한 상인이었습니다. 그들은 멀리 가서 물건을 사고파는 상인이었기 때문에 오랜 시간 집을 떠나 있었습니다. 아버지와 삼촌은 주로 진귀한 보석들을 거래했습니다.

아버지가 장사를 떠나 집을 비운 사이, 사랑하는 어머니마저 세상을 떠났습니다. 어린 마르코는 돌봐 줄 사람 없이 세상에 혼자 남겨졌습니다. 마르코는 앞으로 어떻게 살아가야 할지 걱정스럽기만 했습니다. 오래전에 여행을 떠난 아버지는 기억도 잘 나지 않았습니다. 아버지가 아직 살아 계신지 돌아오시기는 할지 도대체 알 수 없었습니다. 게다가 이제 마르코는 어머니까지 잃었습니다. 마르코는 돌아가신 어머니를 생각하면서 눈물만 흘렸습니다. 그는 어디서 살아야 할까요? 아직 어린 마르코를 누가 돌봐 줄까요?

그러던 어느 날 또 다른 삼촌인 마르코가 조카를 찾아왔습니다. 마르코 폴로라는 이름은 이 삼촌의 이름을 따서 지어졌습니다.

"마르코, 많이 슬프지? 그래, 부모님이 얼마나 보고 싶겠니."

삼촌은 다정하게 말했습니다. 마르코는 그저 바닥을 내려다보며 눈물을 참으려고 눈을 꼭 감았습니다. 설사 삼촌이 그를 모르는 사람들에게 보낸다 해도 용감하게 행동하기로 마음을 단단히 먹었습니다.

삼촌은 고개를 떨군 조카의 얼굴을 살짝 들어 올려 눈을 마주쳤습니다.

▶ **오늘날의 베네치아**
오늘날의 베네치아는 마르코가 살던 시대의 베네치아와 많이 다르지 않다.

"마르코, 우리랑 함께 살지 않을래?"

삼촌이 물었습니다.

마르코는 재빨리 고개를 끄덕였습니다. 너무 안심이 되었습니다. 아버지가 안 계신 마르코에게 삼촌은 아버지나 다름없었습니다. 게다가 마르코는 삼촌과 삼촌의 가족을 무척 좋아했습니다.

"우리랑 같이 산다는 말은 우리 집안의 사업을 너도 함께해야 한다는 말이기도 하단다."

삼촌은 설명했습니다.

"마르코, 너도 장사를 배워야 해. 나는 당장 네게 일을 시킬 생각이란다."

마르코는 계속 고개만 끄덕였습니다. 자신이 상인이 된다니 무척이나 기뻤습니다. 폴로 가문은 교역 일을 해서 부자가 되었거든요. 시 정부를 도울 수 있을 정도로 돈을 많이 모았습니다.

마르코는 삼촌의 집으로 이사했고, 마르코의 낡은 집에는 마르코의 사촌 형과 그의 아내가 이사했습니다. 몇 해가 지난 후, 마르코는 삼촌과 사촌 형제들, 그리고 가정교사에게 라틴어를 배우고 그리스어도 조금 배웠습니다. 마르코는 교역에 도움이 되는 프랑스어와 이탈리아어도 배웠습니다. 또한 베네치아와 다른 나라들의 화폐와 측량법에 대해서도 배웠습니다. 마르코는 성당에 다니며 신부님에게 가톨릭의 교리를 배우기도 했습니다.

마르코는 일을 배우는 게 즐거웠습니다. 삼촌은 베네치아 항구 근처에 가게를 하나 갖고 있었습니다. 베네치아 항구는 매우 붐볐고, 삼촌의 가게는 매일 사람들로 북적댔습니다. 선원들과 베네치아와 다른 나라의 상인들도 찾아왔습니다. 상인들은 향이 강한 인도산 향신료들과 화려한 중국산 비단, 조각이 아름다운 아프리카산 상아 제품들을 마르코 삼촌에게 팔기 위해 가격을 흥정했습니다.

또 선원들은 소금이나 밀, 나무를 사러 왔습니다. 때때로 그들은 집으로 가져갈 베네치아의 특산품인 정교한 색 유리잔을 사러 오기도 했습니다. 마르코는 삼촌이 물건을 파는 모습을 높은 탁자 위에 걸터앉아 지켜보는 것을 무척 좋아했습니다.

이탈리아의 도시 국가

마르코가 살던 시대에 베네치아는 이탈리아에서 가장 발전한 네 도시 국가들 중 하나였습니다. 나머지 세 도시 국가는 제노바, 피사, 아말피로 지금도 이탈리아에 남아 있습니다. 도시 국가는 자체적으로 도시를 운영할 수 있을 만큼의 땅과 인구가 있는 지역이었습니다. 이 네 도시 국가에서는 상인들이 시 정부를 구성하고 운영했습니다.

여러 개의 도시 국가였던 이탈리아는 1861년에 완전한 통일 왕국이 되었고 1946년 투표를 통해 왕이 통치하는 전제주의를 없애고 공화국이 되었습니다.

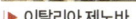
▶ 이탈리아 제노바

마르코는 삼촌이 사고파는 물건을 장부에 받아 적는 일을 했습니다. 마르코는 쓸 때마다 긁히는 소리가 나는 깃펜으로 물품의 항목과 영수증을 조심스럽게 써 내려갔습니다. 저녁에 가게 문을 닫을 때면 마르코는 삼촌에게 하루 동안 쓴 장부를 자랑스럽게 보여 드렸습니다. 마르코가 쓴 장부는 글씨가 또박또박했고, 숫자는 세로로 줄을 맞춰 반듯하게 정리되어 있었습니다.

"마르코, 정말 잘했구나! 너는 늘 이렇게 일을 잘하는구나."

삼촌은 조카의 등을 토닥이며 칭찬해 주었습니다. 삼촌은 때때로 동전 한두 개를 상으로 주었습니다. 가끔은 은화를 줄 때도 있었습니다. 특별히 일을 아주 잘 해냈을 경우에는 금화까지!

마르코가 살았던 베네치아는 섬들 위에 세워진 수로 도시였습니다. 베네치아는 경쟁 도시였던 제노바와 함께 유럽에서 가장 큰 중동 교역의 중심지였습니다. 이 두 도시의 상인들은 중동 지역에서 바닷길이나 실크로드의 육로를 이용해 물건들을 실어 날랐습니다. 그리고 다시 바닷길로는 북아프리카와 그리스, 에스파냐, 이집트, 터키까지, 육로로는 중국, 인도, 미얀마까지 상품을 실어 갔습니다.

마르코는 시간이 날 때마다 항구로 달려갔습니다. 유럽 각지에서 와서 여러 곳으로 가는 배들을 보는 것이 좋았거든요. 선원들은 다양한 언어로 얘기했습니다. 마르코는 외국의 선원과 상인들에게 그 나라 말로 얘기도 걸어 보고 질문도 하며 많은 정보를 얻으려고 했습니다. 그들도 마르코가 짐 부리는 일을

▶ 베네치아

마르코 폴로가 살던 시대의 베네치아는 유럽 여러 곳에서 들어오고 나가는 배로 붐비는 항구였다. 베네치아에서 상인들은 여러 품목을 사고파는 교역을 했다.

도와주면 기꺼이 그에게 말을 가르쳐 주었습니다. 마르코가 짐 상자를 옮겨 줄 때면 그들은 자신들이 갔던 곳과 그곳에서 본 놀라운 것들에 대해 이야기해 주었습니다. 마르코는 이런 이야기들에 흠뻑 빠졌습니다. 여행을 떠날 수 있는 나이가 되면 바로 동방으로 교역을 떠나리라 꿈꾸었습니다.

어느덧 마르코는 열세 살이 되었습니다. 그의 아버지와 삼촌이 교역을 떠난 지 7년이나 지났습니다. 폴로 집안사람들은 그들이 틀림없이 죽었을 거라고 생각했습니다. 그들이 떠난 이후 그들의 소식을 전혀 듣지 못했거든요. 그러나 마르코는 아직도 배가 항구로 들어오면 저도 모르게 아버지와 삼촌을 찾으러 뛰어 나갔습니다. 그들이 돌아오면 마르코가 얼마나 좋아할까요? 그들이 들려주는 여행 이야기는 또 얼마나 짜릿하고 흥미진진할까요?

수로의 도시, 베네치아

베네치아는 넓은 석호 안에 100여 개의 작은 섬으로 이루어진 도시입니다. 베네치아는 수로들로 둘러싸여 있고 약 400개의 다리가 있습니다. 베네치아의 수로들은 대부분 자연적으로 생긴 것이지만 나중에 다니기 쉽게 하기 위해서 일부러 만든 것도 있습니다. 도시의 가장 오래된 곳들에서는 수로가 길 역할을 합니다. 물론 자동차는 다닐 수 없지요. 사람들은 포장된 보도를 걸어 다녀야 합니다. 마르코가 살던 시대에는 바닥이 납작하고 앞뒤가 좁아지는 모양을 한 배인 곤돌라를 교통수단으로 이용했습니다. 그러나 오늘날 베네치아 사람들은 대부분 모터보트나 수상 버스, 수상 택시를 이용합니다. 곤돌라는 베네치아에 여행온 사람들이 관광할 때 주로 이용한답니다.

베네치아의 집들은 수백만 개의 기둥을 건물을 받치는 뼈대로 사용해 지어졌습니다. 이 기둥들은 석호 바닥에 있는 단단한 기반암 속까지 박아져 있습니다. 놀랍게도 이 기둥들은 오늘날까지도 그대로 보존되어 있습니다. 산소가 깊은 물속까지 도달할 수 없기 때문에 나무가 썩지 않았고 수 세기 동안 물속의 광물질들이 기둥을 돌처럼 단단하게 만들어 주었기 때문입니다.

▶ **그란데 운하**
베네치아를 통과하는 중심 수로

[아버지의 여행]

사실 마르코의 아버지 니콜로와 마페오 삼촌은 베네치아에 있는 가족에게 소식을 전하지 못했을 뿐 두 사람은 아주 잘 지내고 있었습니다. 그들은 얼마 동안 콘스탄티노플에 머물렀습니다. 콘스탄티노플의 사람들은 베네치아 물건을 살 때 보석으로 물건 값을 치렀습니다. 폴로 형제는 크림 반도를 지나 볼가 강가에 있는 몽골 족이 다스리던 지역까지 갔습니다. 그곳을 다스리는 왕은 칭기즈칸의 손자인 베르케 칸이었습니다. 폴로 형제는 여행 중에 얻은 보석을 선물해서 베르케 칸의 마음을 샀습니다. 베르케 칸은 폴로 형제가 준 보석처럼 아름다운 보석을 본 적이 없었습니다. 터키 상인들은 동쪽으로 그렇게 멀리까지 잘 가지 않았거든요. 칸은 폴로 형제가 가지고 있는 물건 전부를 그것보다 훨씬 더 값진 물건들을 주고 맞바꿨습니다.

폴로 형제는 이제 베네치아로 돌아가고 싶었습니다. 베네치아에 가면 몽골에서 가져간 물건들을 많은 돈을 받고 팔 수 있을 거라고 생각했습니다. 그런데 전쟁이 터져서 돌아가는 길이 위험하게 되었습니다. 형제는 바다에 도착하면 베네치아로 가는 배를 탈 수 있을지도 모른다고 생각하며 동쪽으로 가는 카라반에 합류했습니다.

부하라에 있는 여행자 숙소에서 폴로 형제는 중국으로 가는 사신들을 만났

콘스탄티노플
현재 터키 이스탄불의 옛 이름. 비잔티움이라고도 불리며 십자군의 세력 하에 있던 1203년까지 번성했다.

크림 반도
우크라이나 남쪽 흑해와 아조프 해 사이에 위치한 반도.

볼가 강
러시아 모스크바 북서쪽에서 카스피 해까지 이어지는 강으로 길이가 3,530킬로미터에 이르는 유럽에서 가장 긴 강.

▶ 부하라의 아르크 성

중앙아시아에서 제일 오래된 도시로 실크로드의 중심지였다. 마르코 폴로는 부하라를 '고귀하고 위대한 거리'라고 표현했다. 1993년에 유네스코 세계 문화유산으로 등재되었으며 우즈베키스탄에 있다.

습니다. 폴로 형제는 아주 기뻤습니다. 실크로드를 따라 여행하면서 흥미로운 사람들을 많이 만났지만 중국으로 가는 사람은 아직 한 명도 만나지 못했거든요. 그 당시 유럽 사람들은 지구는 평평하며 중국은 가장 끝에 있다고 생각했습니다. 유럽 사람들 중 어느 누구도 그곳에 가 본 적이 없었기 때문입니다. 폴로 형제는 사신들에게 묻고 싶은 것이 너무나 많았습니다. 폴로 형제의 질문은 끝이 없었습니다. 사신들은 중국에 많은 관심을 가진 폴로 형제에게 중국 황제인 쿠빌라이 칸의 궁궐에 함께 가자고 제안했습니다.

칸 (khan)
몽골을 비롯한 중앙 아시아의 여러 나라에서 왕을 지칭하던 말.

중국으로 가기 위해 폴로 형제는 사마르칸트와 카슈가르를 지나 실크로드를 따라갔습니다. 그들은 마침내 1266년에 상도(上都)에 있는 쿠빌라이 칸의 궁궐에 도착했습니다. 쿠빌라이 칸은 유럽과 베네치아에 대해 아주 궁금해했습니다. 그는 폴로 형제와 이야기를 나누면서 많은 시간을 보냈습니다. 그는 가톨릭의 수장인 교황이 유럽에서 가장 강력한 지배자이며, 심지어 왕보다도 더 강하다는 사실을 알게 되었습니다. 쿠빌라이 칸은 교황과 동맹을 맺고 싶어 했습니다. 칸은 불교 신자였습니다. 하지만 그의 어머니는 가톨릭 신자였기 때문에 그는 가톨릭에 대해 관심을 갖고 있었습니다. 칸은 폴로 형제에게 교황에게 전할 편지를 주었습니다.

칸은 또 폴로 형제에게 길쭉하게 생긴 황금 명패도 여러 개 주었습니다. 이 귀한 명패만 있으면 형제는 중국과 몽골 제국 안에서는 어디서든 안전하게 여행할 수 있었습니다. 대신에 폴로 형제는 중국인들에게 가톨릭 교리를 가르칠 100명의 성직자를 데려 오고 예루살렘에서 성유를 조금 가져와야 했습니다. 성유는 특별한 교회에서만 나는 성스러운 기름으로 신비한 힘을 갖고 있다고 전해졌습니다. 쿠빌라이 칸은 성유를 전쟁을 할 때 사용하고 싶었습니다.

길을 순조롭게 터 주는 칸의 황금 명패 덕분에 폴로 형제는 편안하게 아시아를 거쳐 베네치아로 가는 배를 탔습니다. 마르코의 아버지는 아내와 아들을 다시 만날 날만을 고대하고 있었습니다. 베네치아의 집에 도착했을 때 니콜로는 자신의 집에 다른 친척이 사는 것을 보고 깜짝 놀랐습니다. 니콜로는 아내가 죽었다는 소식을 듣고 많이 슬퍼했지만 아들을 만날 수 있다는 사실에 기운을 얻었습니다.

▶ **사마르칸트**
사마르칸트는 타일로 아름답게 장식된 건물들로 유명하다.

니콜로와 마르코는 드디어 만나게 되었습니다. 아버지가 돌아올 거라는 희망을 버리지 않았던 마르코는 무척 기뻤습니다. 마르코는 매일 밤 아버지와 삼촌으로부터 쿠빌라이 칸의 제국에 대한 이야기를 들었습니다. 마르코도 자신의 얘기를 들려주었습니다. 니콜로는 장사에 대해 이미 많은 것을 배운 어린 아들이 기특했습니다. 니콜로는 중국으로 가는 다음 여행에 아들을 데리고 가기로 했습니다.

황금 명패

쿠빌라이 칸의 황금 명패는 30센티미터 길이에 9센티미터 폭으로 되어 있으며 왕을 상징하는 문양이 새겨져 있었습니다. 대부분은 평범한 직사각형 모양으로 되어 있지만, 어떤 명패들은 윗부분에 호랑이나 매 같은 모양이 조각돼 있었습니다. 이 명패를 가진 여행자들은 칸의 보호 아래 자유롭게 여행할 수 있었습니다. 명패가 안전한 통행권인 셈이었습니다. 몽골 제국 도처에 있는 관리들은 명패를 갖고 있는 여행자에게 배, 말, 숙소, 음식, 안내 등 그가 요구하는 것은 뭐든지 제공했습니다.

쿠빌라이 칸

쿠빌라이 칸은 1260년에 몽골 제국의 칸이 되었습니다. 1271년에 몽골에 원나라를 세운 그는 중국 일부까지 지배했습니다. 1279년에는 중국 땅에서 송나라를 몰아내고 중국 전체의 황제가 되었습니다. 쿠빌라이는 중국 문화를 좋아했습니다. 그는 중국 옷을 입고 중국 음식을 먹었습니다. 그는 중국의 황제들이 했던 대로 따라 했습니다. 쿠빌라이의 할아버지인 칭기

▶ 쿠빌라이 칸

즈칸은 중국의 황제들이 향락에 빠져 살기 때문에 나약하고 정복당하기 쉽다는 것을 늘 그에게 경고했습니다. 그래서 쿠빌라이는 중국 황제를 따라하면서도 항상 건강을 유지하기 위해 애썼습니다.

쿠빌라이는 중국을 다스리며 훌륭한 일을 많이 했습니다. 일자리를 만들고 건물을 보수했으며 고속도로를 놓고 대수로를 재건했습니다. 그는 중국의 예술인들을 지원해 주고 종교의 자유를 인정해 주었습니다.

쿠빌라이에게는 네 명의 아내가 있었습니다. 그 가운데 쿠빌라이가 가장 사랑한 사람은 차비 황비였습니다. 그녀는 독실한 불교 신자였습니다. 차비는 쿠빌라이에게 불교를 받아들여 제국의 국교로 삼기를 권했습니다. 중국인들은 차비를 좋아했습니다. 그녀는 쿠빌라이와 옛 중국 왕족이 협정을 맺도록 도왔습니다. 정략 결혼을 주선해서 양국 간에 우호를 맺도록 도운 것입니다. 차비가 없었다면 중국이 원나라를 전복시키려고 했든가 아니면 쿠빌라이가 중국을 파괴하려고 했을 것입니다.

차비가 죽자 쿠빌라이는 중국 백성들과 소통할 수 있는 중요한 통로를 잃고 말았습니다. 쿠빌라이가 승계를 결정한 차비의 아들도 차비가 죽은 지 얼마 지나지 않아 죽고 말았습니다. 쿠빌라이는 가족을 잃은 슬픔에서 벗어나지 못했습니다. 자신의 건강도, 원나라도 잘 돌보지 못했습니다 1294년 쿠빌라이는 마침내 슬픔 속에서 세상을 떠났습니다.

[여행을 떠나다]

　니콜로와 마페오는 쿠빌라이 칸이 내린 임무를 완수해야 했습니다. 운 좋게도 몇몇 가톨릭 신자들의 도움으로 성유를 얻는 방법을 알아냈습니다. 그러나 성직자 100명을 데려가는 일은 쉽지 않았습니다. 게다가 폴로 형제가 고국으로 돌아가는 중 교황이 세상을 떠났습니다. 교황을 선출하는 최고 성직자들의 기관인 추기경회는 2년이 지나도록 새 교황을 선출하지 못했습니다. 폴로 형제는 교황 선출을 기다리는 동안 마르코에게 페르시아어를 가르쳤습니다. 아시아 대륙의 많은 곳에서 페르시아어가 사용되었기 때문입니다.

　쿠빌라이 칸이 자신들을 기다리고 있다는 생각을 하니 걱정이 태산 같았습니다. 중국과 교역을 시작하려면 지금 돌아가야만 했습니다. 그렇게만 된다면 그들은 지금보다 훨씬 더 큰 부자가 될 수 있을 텐데! 결국 그들은 중국으로 떠날 계획을 세웠습니다. 우선 소금에 절인 고기와 치즈 등 여행에 필요한 물품들을 준비하느라 몇 주를 보냈습니다. 또한 보석, 아름다운 베네치아 유리잔, 나무, 포도주, 모직물 등 그들이 팔 수 있는 물건들과, 금화와 은화, 옷, 칸에게 줄 선물, 심지어 말까지 준비했습니다.

　마침내 1271년 봄, 니콜로와 마페오, 마르코는 큰 선박에 준비한 것들을 모두 싣고 출항했습니다. 먼저 성유를 얻기 위해 예루살렘으로 갔습니다. 성유를 구하고 다시 떠날 준비를 하고 있을 때 새 교황이 선출됐다는 소식을 들었습니다. 세 사람은 칸의 편지를 전하고 100명의 성직자를 요청하기 위해 배를 다시 돌려야만 했습니다. 마르코는 자꾸 늦어지는 것이 속상했습니다. 하지만

▶ 베네치아를 떠나는 폴로 가족들
14세기의 그림으로 폴로 가족이 베네치아를 출발해 중국으로 향하는 모습을 묘사했다.

불평하지 않고 조용히 기다려야 한다는 것을 알고 있었습니다.

　100명의 성직자를 보내는 일은 아무리 고민해도 쉽게 해결할 수 있는 일이 아니었습니다. 하는 수 없이 교황은 100명의 성직자 대신에 수사 두 명을 보내기로 했습니다. 수교나 신부 같은 성직자는 교회에서 사람들에게 가톨릭의 교리를 전하는 일을 하지만 수사는 사람들에게 봉사하는 일을 하는 일을 맡고 있습니다. 교황은 쿠빌라이 칸에게 답장을 써 보냈습니다. 교황은 답장에서 수사들이 신부가 되는 법을 가르칠 수 있다고 설명했습니다. 그리고 크리스털 꽃병과 포도주 잔 같은 특별한 선물도 보냈습니다. 폴로 가족과 수사 두 명은 11월에 지중해를 따라 아르메니아에 도착할 계획으로 다시 항해를 떠났습니다.

아르메니아는 그들이 육로 여행을 시작하기에 좋은 곳이었습니다. 항구 바로 옆에 라이아스의 번화한 시장이 위치해 있어서 베네치아, 제노바, 피사의 상인들이 이곳을 자주 들렀습니다. 중동 전역에서 나는 물건들은 라이아스로 운반되었습니다. 내륙으로 교역 여행을 떠나는 사람들도 이곳에서 출발했습니다. 폴로 가족이 탄 배가 아르메니아 항구에 도착했을 때 이 도시에 엄청난 소동이 일어났습니다. 그들은 가능한 빨리 물건들과 음식을 싸서 짐 싣는 말에 실었습니다.

> **라이아스**
> 터키의 이스켄데룬 만에 있는 항구 도시. 오늘날에는 아이야스(Ayas)로 불린다.

"다 준비됐다. 이제 여행을 계속하자."

아버지가 말하자 마르코도 한시름 놓았습니다. 아버지는 빠트린 것이 없는지 확인하기 위해 부두 주변을 마지막으로 둘러보았습니다. 짐을 많이 실어 말들이 힘들어 보였지만 아버지는 다 운반할 수 있다고 믿었습니다.

그들은 타고 갈 말 위에 안장을 얹고 올라탄 다음 재빨리 도시를 빠져나가 호르무즈로 향했습니다. 아버지는 마르코를 항상 자기 가까이에 있게 했습니다. 한편 두 수사는 힘겨워했습니다. 그들에게는 많은 것들이 너무나 낯설기만 했습니다. 그들은 원래의 생활이 너무 그리웠습니다. 익숙한 음식이며 옷,

▶ **예루살렘의 성묘 교회**
예수가 십자가에 처형당해 묻혔다고 전해지는 장소에 세워진 교회

    그리고 무엇보다 자신들과 닮은 사람들을 간절히 원했습니다. 그러던 어느 날, 마르코 일행은 예루살렘으로 가는 한 무리의 수사들을 만났습니다. 수사들은 그들에게 합류하기로 결심하고 폴로 가족을 떠나 버렸습니다.
    폴로 형제는 걱정으로 낯빛이 어두워졌습니다. 쿠빌라이 칸에게 데려갈 성직자가 한 명도 없게 된 것입니다. 성유와 교황의 답장, 선물만으로 충분할까요? 칸은 궁궐로 다시 돌아온 그들을 환영할까요? 중국에서 쫓겨나거나 아니면 더 심한 벌을 받는 것은 아닐까요? 니콜로는 눈을 감고 이를 악물었습니다. 그는 이런 위험한 여행에 하나밖에 없는 아들을 데리고 온 것이 옳은 결정이었는지 후회가 되었습니다.

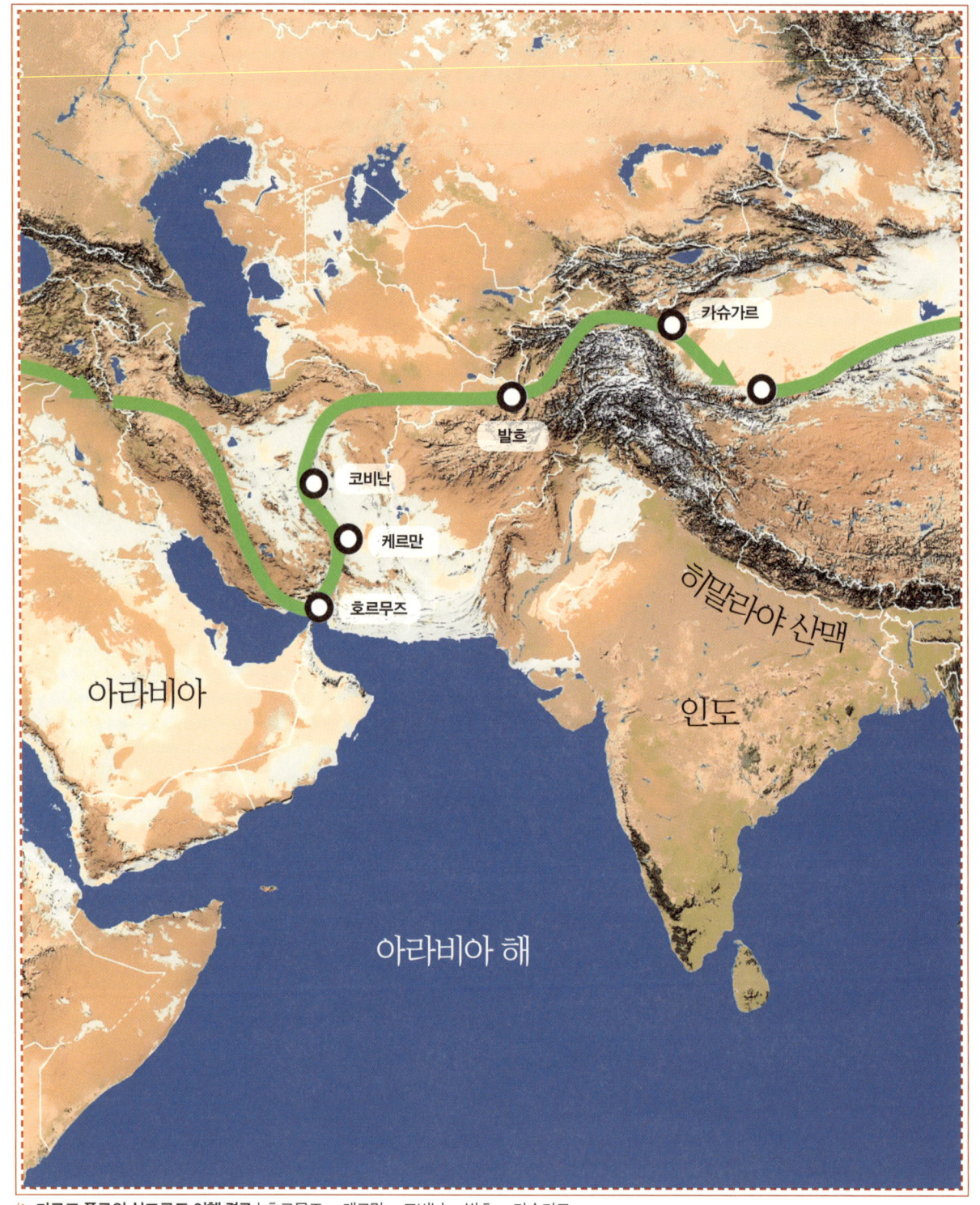

▶ 마르코 폴로의 실크로드 여행 경로 | 호르무즈 – 케르만 – 코비난 – 발흐 – 카슈가르

2장 호르무즈에서 카슈가르까지

호르무즈에 도착한 폴로 가족에게 험난한 여정이 시작되었습니다. 뜨거운 열기로 가득한 사막을 건너다 폴로는 병치레를 했고, 실크로드에서 가장 위험한 구간인 힌두쿠시 산맥과 파미르 고원을 넘었습니다. 그리고 인도, 중국, 페르시아의 상인들이 모이는 카슈가르에 도착했습니다.

[남쪽을 향해]

"우리는 계속 가야 해요."

마페오는 생각에 잠긴 채 긴 수염을 쓰다듬으며 이렇게 말했습니다.

"우리는 중국은 물론이고 실크로드가 통과하는 모든 지역을 가 봐야만 해요. 동쪽 저 멀리에 있는 지역과 교역을 할 거라면 말이지요. 그곳에서는 엄청나게 많은 돈을 벌 수 있어요. 그러니까 칸을 우리 편으로 만들어야 해요. 그를 만나지 않으면 거기로 가는 문은 영원히 닫혀 버릴 거예요, 형."

니콜로는 잠시 마페오를 보더니 고개를 끄덕였습니다. 그들은 여행을 계속하기로 했습니다. 그제야 마르코는 자신도 모르게 안도의 숨을 내쉬었습니다. 그는 여행을 계속하기 위해서라면 무슨 일이든 할 생각이었습니다.

폴로 가족은 페르시아 만에 있는 호르무즈를 향해 남동쪽으로 가는 상인들과 합류했습니다. 상인들은 길을 따라 가면서 많은 교역 중심지와 시장에 들렀습니다. 그들은 붐비는 상점가에서 열심히 거래를 했고 밤이면 그 지역 여행자 숙소에서 편안하게 쉬었습니다. 저녁을 배불리 먹고 나면 불 가로 가서 다른 여행자들과 정보를 주고받았습니다.

마르코는 그들이 나누는 이야기를 틈틈이 받아 적었습니다. 각 지역에서 구할 수 있는 물건들과 필요한 물건들, 그리고 어떤 시장에 어떤 물건이 있는지도 적었습니다. 그는 또한 여러 위험 요소들에 관해서도 적었으며, 물과 같이 필요한 물자를 얻을 수 있는 가장 좋은 장소들도 적었습니다. 그는 아버지 곁에 앉아 밤공기를 깊게 들이마셨습니다. 그는 각 지역의 냄새와 광경들을 기억

하려고 애썼습니다. 때때로 다른 사람들이 모두 자러 가고 모닥불의 불씨가 점점 꺼져 가는 밤늦은 시간까지 글을 쓰기도 했습니다.

어느덧 폴로 가족은 페르시아 국경에 있는 케르만에 도착했습니다. 이곳에서 승마 장비와 무기들을 많이 샀습니다. 케르만에서는 말의 안장이나 굴레, 박차와 칼, 활을 살 수 있었습니다. 케르만 사람들은 사냥에 쓰는 매도 키우고 있었습니다. 날카로운 눈을 가진 매는 아무리 재빠른 사냥감이어도 놓치는 법이 없었습니다. 폴로 가족은 매가 사냥한 꿩고기와 자고새 고기를 손가락에 묻은 기름까지 핥아 가면서 맛있게 먹었습니다.

▶ **카라반사라이**
중동 지역의 대상인 카라반들이 썼던 숙소의 모습으로 17세기에 그려진 그림이다.

케르만의 투르크 옥과 매 사냥

케르만은 이란 남동부에 있었던 왕국입니다. 낮은 산이 이어진 구릉 지대와 그 아래 넓은 모래 평원으로 이루어져 있습니다. 북쪽과 동쪽은 산으로 둘러싸여 있으며 기후는 서늘하고 봄과 가을에 모래 폭풍이 자주 일어납니다. 주민 대부분은 페르시아어를 쓰는 이슬람교 신자이며 소수의 조로아스터교 신자가 있습니다. 케르만은 이란 최대의 양탄자 수출 중심지이기도 합니다.

마르코가 살던 시대에 케르만은 터키석으로 불리는 투르크 옥으로 유명했습니다. 터키석은 강철의 재료인 철광석과 함께 깊은 산속에 있는 바위에서 채굴되었습니다. 폴로는 『동방견문록』에서 케르만 사람들은 터키석이 불운을 알린다고 생각했으

▶ 투르크 옥

▶ 케르만의 매

며, 사랑에 실패하거나 불행하게 죽은 사람들의 뼈가 터키석이 된다고 믿었다고 전하고 있습니다.

케르만은 매로도 유명했습니다. 이 새는 다른 새나 쥐같이 작은 동물을 사냥했습니다. 매는 시력이 매우 좋습니다. 아주 높이 날면서도 땅에서 움직이는 작은 쥐를 볼 수 있을 정도입니다. 또한 특이한 형태의 날개 덕분에 아주 빨리 날 수 있으며 순간적으로 방향을 바꿀 수도 있습니다. 어떤 매는 시속 180킬로미터 이상의 속력으로 내려앉을 수도 있습니다!

매는 기원전 700년경부터 사냥에 이용되었습니다. 매 조련사들은 매가 사냥감을 먹지 않고 잡기만 하도록 훈련시켰습니다. 매를 훈련시키는 일은 매우 힘들고 많은 인내력을 요했습니다. 매의 다리에는 종을 매달아 조련사가 멀리서도 들을 수 있게 했습니다. 오늘날에도 사냥을 위해 매를 키우는 사람들이 종종 있습니다. 매를 키워 사냥에 이용하려면 정부가 발행한 특별 허가증이 있어야 합니다.

▶ **케르만 왕국의 밤성**
3세기경 건축된 케르만 왕국의 유적지인 거대한 진흙 성곽이다. 실크로드 주변의 마을들은 침입자들을 방어하기 위해 두껍고 높은 흙벽을 쌓아 놓고 있었다.

상인들이 큰돈을 버는 방법

마르코가 살던 시대에 대부분의 상인들은 다른 도시를 여행하면서 물건을 팔았습니다. 상인들은 자기 도시의 물건들을 다른 마을에 가져가서 자기가 산 가격보다 조금 더 높은 가격에 팔았습니다. 다른 상인들도 마찬가지였습니다. 그렇게 해서 중국까지 가는 동안 물건값은 점점 비싸졌습니다. 만일 폴로 가족이 베네치아에서 가져간 물건들을 중국에서 팔 수 있다면 그들은 높은 값을 매겨 이익을 많이 챙길 수 있을 것입니다. 돌아오는 길도 마찬가지입니다. 중국에서 부드러운 비단을 가져올 수 있고, 다이아몬드, 루비, 진주, 인도네시아산 향신료, 터키산 양탄자 등도 가져올 수 있기 때문입니다. 만일 이런 물건들을 집까지 안전하게 가져올 수만 있다면, 그래서 그것을 팔 수만 있다면 큰 부자가 되는 것은 당연한 일이겠지요!

마르코는 말을 타고 케르만을 지나가면서 탁 트인 시골 풍경을 바라보았습니다. 그곳은 붐비는 베네치아와는 아주 달랐습니다. 그곳에는 70여 년 전 칭기즈칸과 벌였던 전쟁의 상처가 여전히 남아 있었습니다. 어떤 집들은 부서진 잔해만 남아 있었고 작은 마을 전체가 버려져 폐허가 된 채로 남아 있기도 했습니다. 폴로 가족이 만난 사람이라고는 가끔씩 오가는 양치기나 목동들뿐이었습니다. 마르코는 난생 처음으로 곱사등을 가진 크고 흰 소들과 뚱뚱한 꼬리가 달린 양을 보게 되었습니다. 양은 당나귀만큼이나 컸고, 꼬리 무게만 14킬로그램은 너끈히 돼 보였습니다! 마르코는 놀라움에 입을 다물 수가 없었습니다.

마침내 마르코 일행은 해안가에 도착했습니다. 호르무즈는 가까이에 있는 섬이었습니다. 섬에서는 물이 부족해서 본토에서 모든 물을 가져다 써야 했지만 다른 물품들은 넘쳐 났습니다. 인도 상인들이 향신료, 약재, 보석, 진주, 금실로 짠 천, 상아 등 놀라운 제품들을 가져다 팔았기 때문입니다. 호르무즈는 대도시가 되어 있었습니다. 마르코는 시장에서 물건을 사고파는 일이 즐거웠습니다. 옆에서 그를 지켜보는 아버지와 삼촌은 그를 매우 자랑스러워했습니다. 마르코는 각 지역에서 쓰는 언어를 아주 빨리 익혔습니다. 교역 여행을 하면서 마르코는 점점 부자가 되고 있다는 생각에 신바람이 났습니다.

통통한 꼬리 달린 양과 커다란 흰 소

마르코가 본 꼬리가 통통한 양들은 지금도 북아프리카와 중동, 특히 사우디아라비아, 그리고 터키에서 볼 수 있습니다. 간혹 북인도와 중국 서부, 몽골에서 사는 것이 발견되기도 합니다. 꼬리가 통통한 양은 사막의 혹독한 환경에서도 잘 적응하는 튼튼한 양입니다. 이 양의 꼬리에는 지방이 저장되어 있습니다. 이 지방은 고기를 보관할 때 쓰였고, 아랍이나 페르시아에서는 요리의 재료로 사용하기도 했습니다. 오늘날에도 여전히 요리에 사용되지만 자주 쓰이지는 않습니다. 양털은 거칠어서 옷보다는 주로 깔개나 담요를 만드는 데 사용됩니다.

▶ 통통한 꼬리 달린 양과 커다란 흰 소

마르코가 보았던 커다란 흰 소들 역시 아직도 볼 수 있습니다. 흰 소들은 힘이 아주 세서 말보다도 수레나 마차, 쟁기를 더 오래 끌 수 있습니다. 흰 소들은 곡물을 가는 바위를 돌리는 데 이용되기도 했습니다.

[사막과의 전쟁]

폴로 가족은 호르무즈에서 인도까지 배를 타고 갈 계획이었습니다. 그들은 배를 구하기 위해 부둣가로 내려갔습니다. 부두에 도착했을 때 그들이 본 배들은 이전에 타 봤던 배들과는 달라 보였습니다. 마르코는 선체를 만져 보고 나무가 너무나 단단해 깜짝 놀랐습니다. 못이 들어가지 않을 정도로 단단해서 못 대신에 나무로 만든 막대로 판들이 연결되어 있었습니다. 더 가까이 가서 살펴보니 질긴 식물의 껍질이 배의 안과 밖을 꿰매듯 휘감고 있었습니다.

"아버지, 삼촌, 틀림없이 이 배들은 폭풍우를 견딜 수 없을 거예요. 부서질 게 뻔해요!"

마르코는 눈살을 찌푸리며 말했습니다. 그는 고개를 저으며 배들을 선창에 매어 놓은 줄들을 가리키며 말했습니다.

"게다가 이 배들은 쇠로 된 닻도 없어요."

"그래. 하지만 우리는 전에도 이런 비슷한 배로 여행한 적이 있어."

마페오가 손으로 거친 선체를 매만지면서 대답했습니다.

"지금은 선택의 여지가 없어."

"전에 우리가 여행할 때는 마르코가 없었지. 내 아들의 목숨을 이런 배에 맡겨도 될지 잘 모르겠구나."

니콜로는 잠시 생각하고는 한숨을 쉬며 말했습니다.

"유일한 방법은 케르만으로 돌아가서 거기서 다시 북서쪽으로 향하는 거야.

길은 있어. 문제는 사막을 건너야 한다는 거지."

그는 아들에게 미소를 지었습니다.

"물에 빠져 죽는 것보다는 불타는 사막이 낫지 않겠니?"

마르코는 마음이 편치 않았습니다. 물에 빠져 죽을 것인가, 사막에서 불에 타 죽을 것인가? 그는 여행이 이처럼 어려운 선택의 연속일 거라고는 상상도 하지 못했습니다.

"사막이 나을 것 같아요."

마르코는 어쩔 수 없이 이렇게 말했습니다.

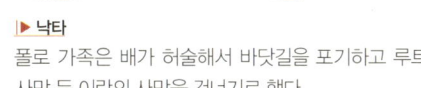
▶ 낙타
폴로 가족은 배가 허술해서 바닷길을 포기하고 루트 사막 등 이란의 사막을 건너기로 했다.

그들은 출발한 지 얼마 되지 않아 곧 거대한 사막과 마주쳤습니다. 이번 여행에서 사막은 처음이었습니다. 그들은 사막 여행을 도와줄 안내인들을 고용했습니다. 말을 낙타로 바꾸고, 물통에 물도 가득 채웠습니다. 사막은 끝없이 펼쳐졌습니다. 하루 종일 모래 언덕 위로 아지랑이가 일렁이는 것처럼 마르코는 머리가 어질어질했습니다. 낮에 흘렸던 땀이 밤이면 차가운 밤공기에 식으면서 몸의 체온을 빼앗아 가 추위에 떨어야 했습니다. 낙타 등에 얹힌 딱딱한 안장에 앉아 하루 종일 가다 보면 등이 쑤시고 허벅지에 상처도 났습니다.

폴로 가족의 여정

중국의 수도 베이징은 베네치아에서 거의 8,000킬로미터나 떨어져 있습니다. 폴로 가족은 아주 먼 길을 가야 했습니다. 예루살렘을 떠난 후에 그들은 아르메니아로 항해했습니다. 그리고 그곳을 출발해서 페르시아 만에 있는 호르무즈까지 갔다가 케르만으로 되돌아가서 이란의 사막을 거쳐 아프가니스탄 북부로 향했습니다. 거기서부터 그들은 사막을 지나 코비난 시로 가서 페르시아까지 계속 여행했습니다. 그들의 여정은 계속 동쪽으로 이어졌습니다. 발흐 시를 지나 힌두쿠시 산맥과 파미르 고원을 넘어 카슈가르로 갔습니다. 그들의 다음 도착지는 호탄이었고, 그 다음에 고비 사막을 건넜습니다. 마침내 그들은 중국 북부에 도착했습니다.

▶ **루트 사막**
이란 동부 케르만·시스탄·호라산 주 세 지역에 걸쳐 있는 사막. 바닷길을 포기한 폴로 가족은 이 사막을 건너 중국으로 갔다.

처음 며칠 동안 그들은 물을 거의 찾지 못했습니다. 연못을 찾을 때까지 물을 아껴 마셔야 했습니다. 마침내 멀리 연못이 보였습니다. 폴로 가족은 당장 그곳으로 달려갔습니다.

"잠깐!"

한 안내인이 소리쳤습니다.

"그 물을 마시면 안 됩니다. 한 모금이라도 마셨다간 배탈이 날 거예요."

그는 머리를 세게 흔들었습니다.

"아픈 사람을 세 명이나 데리고 사막을 건널 수는 없습니다."

마르코는 얼른 연못에서 손을 뺐습니다. 하지만 낙타들을 막을 수는 없었습니다. 낙타들은 두텁게 이끼 낀 그 물을 실컷 마셨습니다. 걱정했던 대로 낙타들은 금방 설사를 하기 시작했습니다. 설사가 그치지 않아 여행 기간 동안 계속 역겨운 냄새가 났습니다. 그래서 모두가 다른 사람이 탄 낙타와 적당히 거리를 유지하면서 가야 했습니다.

넷째 날에야 그들은 맑은 강에 도착했습니다. 사람들과 동물들은 물을 마시고 악취와 모래를 씻어 내기 위해 목욕을 했습니다. 그들은 가죽 물통에 물을 가득 채우고 나서 대도시인 코비난에 도착할 때까지 계속 사막을 지나갔습니다. 사막을 건너는 데 일주일이 걸렸습니다.

코비난에는 철을 녹여 강철을 만드는 거대한 용광로가 있었습니다. 마르코는 아름다운 강철 거울에 경탄하며 작은 거울 몇 개를 샀습니다. 코비난에서부터 또다시 8일간의 사막 여행이 시작되었습니다. 폴로 가족은 비상식량과

코비난
케르만 주의 가장 북쪽에 위치한 도시로 현재는 쿠바난이라고 불린다.

물을 가득 실었습니다. 이번엔 특별히 포도처럼 달콤하고 즙이 많은 잘 익은 과일을 준비해서 먼저 먹기로 했습니다. 그래야 사막에서 가장 중요한 물을 나중까지 남겨 둘 수 있기 때문이지요.

페르시아의 북동쪽 국경까지 갔을 때 마르코는 너무 기뻤습니다. 거대한 플라타너스와 요새화된 마을, 이슬람교도들을 보면서 그동안의 고생이 눈 녹듯 사라지는 느낌이었습니다. 너무 흥분했던 탓인지 마르코는 하마터면 말에서 떨어질 뻔했습니다.

"조심해라, 마르코! 앞을 봐야지 왜 자꾸만 뒤를 돌아보는 거냐?"

아버지가 마르코의 팔을 잡아 주었습니다. 아버지는 아들의 팔을 놓으며 어깨 너머로 흘낏 봤습니다.

"아하, 알겠다! 걸어가는 여자들을 쳐다보느라 마르코가 정신이 나갔구나."

마페오가 빙그레 웃자 마르코는 얼굴을 붉혔습니다. 그래도 마르코는 미소를 숨길 수 없었습니다. 페르시아 여자들은 마르코가 봤던 여자들 중에 가장 아름다웠기 때문입니다. 그는 페르시아에 잠시 머무르게 된 것이 기쁘기까지 했습니다.

낙타를 다시 말로 바꾼 후 폴로 가족은 이제 동쪽으로 향했습니다. 그러나 마르코는 말을 타고 출발한 지 얼마되지 않아 아프기 시작했습니다. 말이 움직이자 마르코는 심하게 구토를 했습니다. 목도 마르고, 눈도 따갑고, 눈물도 났습니다. 열도 있었습니다. 그는 아픈 것을 눈치채지 못하도록 아버지와 삼촌의 말 뒤로 숨었습니다. 마르코는 누구에게도 걱정을 끼치고 싶지 않았을뿐더러 무사히 중국까지 가고 싶은 마음이 컸습니다.

아름다운 페르시아

페르시아는 고대부터 서양 사람들 사이에서 이란 민족, 혹은 이란 민족의 고대 왕국을 가리키는 말로 사용되어 왔습니다. 이 말은 고대 그리스인들이 이란 남서부 해안 지역에 사는 사람들을 파르스(Fars)라고 부른 데서 비롯되었는데, 이것이 라틴어로는 페르시아(Persia)로 변화한 것입니다. 1935년 팔레비 왕조의 레자 샤가 국호를 공식적으로 이란으로 바꿀 때까지 여러 왕조에 걸쳐 페르시아라는 국호가 사용되었습니다.

▶ 페르세폴리스
고대 페르시아의 도시. 기원전 4세기경 건설됐으며, 페르시아의 수도였다.

날이 갈수록 마르코의 몸은 낫기는커녕 점점 약해졌습니다. 얼마 가지 않아 그는 열 때문에 몸이 떨려 안장에 바로 앉아 있을 수도 없었습니다. 안장에서 거의 미끄러질 뻔했을 때 이번에는 아무도 웃지 않았습니다. 폴로 형제는 마르코가 무척 걱정되었습니다.

그들은 아프가니스탄의 산맥에 도착해서 마르코가 회복될 때까지 일 년 동안 머물렀습니다. 니콜로는 아들에게 돈으로 살 수 있는 최고의 약과 최고의 치료를 받을 수 있게 해 주었습니다. 마르코의 몸은 조금씩 회복되어 갔습니다. 마르코는 그곳에 머무는 동안 그곳을 좋아하게 되었습니다. 기운을 차리

▶ 아프가니스탄 동부 산맥

기 위해 말을 타고 짧은 여행을 나가기도 했습니다. 산 정상에서 그는 심호흡을 하며 맑고 깨끗한 공기를 깊숙이 들이마셨습니다. 마침내 마르코의 볼이 다시 홍조를 띠기 시작했고 갈색 눈은 맑고 밝아졌습니다. 이제 그는 중국으로의 여행을 계속할 준비가 되었습니다.

중세 시대의 병 치료

중세 시대의 의사와 약사들은 지금처럼 사람의 병을 잘 알지 못했습니다. 사람들은 여러 가지 식물들을 이용해 필요한 약을 스스로 만들기도 했습니다. 특히 당근은 모든 병을 치료하는 약으로 사용됐습니다. 버드나무 껍질처럼 사람에게 유익한 식물도 있지만 가짓과에 속하는 각종 식물들처럼 치명적인 독을 가지고 있는 것도 있습니다. 독을 가진 식물을 잘 못 먹으면 죽을 수도 있습니다.

어떤 이들은 질병은 신이 내린 벌이라서 기도를 통해서만 치료될 수 있다고 생각했습니다. 또 의사들은 종종 방혈(防血)이라는 치료법을 쓰기도 했습니다. 방혈은 피를 뽑아 내는 방법으로 사람의 정맥을 잘라 피를 뽑거나 거머리를 이용해서 피를 뽑는 치료법입니다. 그러나 이런 방법은 대체로 별 효과가 없었습니다.

▶ 벨라도나
가짓과 식물 중 하나.

[산을 오르다]

힌두쿠시 산맥과 파미르 고원을 지나는 길은 실크로드에서 가장 위험한 구간이었습니다. 폴로 가족은 이곳을 넘어가야 했습니다. 튼튼한 야크들이 끙끙 앓는 소리를 내며 느릿느릿 산맥을 올라갈 때 마르코는 갑자기 펼쳐진 아름다운 광경에 숨이 멎는 것 같았습니다. 너무나 멋진 협곡을 벗어나 산 정상에 오르니 탁 트인 초원이 나타났습니다. 초원 주변을 산들이 직사각형으로 둘러싸고 있었습니다. 그는 중앙에 서서 주변을 가만히 내려다보았습니다.

앞으로는 멀리 동쪽까지 구불구불 까마득히 펼쳐진 실크로드가 보였습니

> **힌두쿠시 산맥**
> 중앙아시아에 있는 약 1,600 킬로미터에 달하는 산맥. 예로부터 서아시아에서 인도에 이르는 중요한 길이었다.

▶ **파미르 고원**
티베트 고원과 히말라야 산맥, 쿤룬 산맥, 톈산 산맥 등이 모여 이뤄진 고원으로 '세계의 지붕'이라고 불린다.

다. 뒤로는 그들이 지금까지 지나온 먼지 자욱한 길이 서쪽으로 쭉 뻗어 있었습니다. 마르코는 마치 세계의 꼭대기에 서 있는 것 같은 짜릿함을 느꼈습니다.

　밤에 마르코는 별이 듬성듬성 떠 있는 칠흑같이 까만 하늘을 올려다보았습니다. 빙 둘러선 산맥은 컴컴한 암흑 속에 웅크리고 있는 반면 꼭대기에 쌓인 흰 눈은 달빛에 은은하게 빛났습니다. 낮에는 양과 염소, 야크 떼들은 평원의 무성한 푸른 목초지 여기저기에 흩어져 있었습니다. 양의 뿔이 얼마나 긴지 양의 뿔이라고는 도저히 믿을 수 없었습니다. 동물 관리인들은 돌로 간단히 만든 오두막에서 살았습니다. 마르코는 그들이 흙 난로에다 말린 야크 똥 덩어리를 넣어 불을 피우고 빵을 굽는 것을 자세히 보았습니다. 그들이 만든 둥글고 얇은 빵은 따뜻하고 맛있었습니다.

처음 보는 자연은 놀랍고 감탄이 절로 나왔지만 산은 오르면 오를수록 숨이 가빠졌습니다. 사람들을 태우고 수레를 끌어올리는 야크들이 힘에 겨워 숨을 내쉴 때마다 하얀 입김이 기둥처럼 피어올랐습니다.

폴로 가족은 파미르 고원의 정상을 넘으면서 단 한 사람도 만날 수 없었습니다. 산이 너무 높아 사람이 살기에는 적당하지 않았습니다. 공기도 부족했고 차가워서 산꼭대기에는 새들도 날아오지 않았습니다.

산을 넘으면서 마르코의 뼈와 기억 속에 추위와 공허감이 깊이 새겨졌습니다. 불을 피워도 음식을 요리할 만큼 뜨거워지지 않았습니다. 사람들의 손가락과 귀는 꽁꽁 얼어 떨어지는 것만 같았습니다. 차갑게 언 손가락과 귀는 불을 쫴도 잘 녹지 않았습니다. 추위를 피하기 위해 모피를 아무리 꽁꽁 둘러도 따뜻해지지 않았습니다. 이빨은 덜덜 떨려서 부딪히고 눈을 뜨기도 쉽지 않은 눈보라 속을 헤치고 나가야 했습니다. 마르코는 '이것은 모험이야'라고 마음속으로 되뇌며 힘을 냈습니다. 모험은 그만한 가치가 있었습니다.

마침내 폴로 일행은 카슈가르 시로 내려왔습니다. 산맥의 혹독한 추위를 견디고 나니 희미한 햇살마저도 따뜻하게 느껴졌습니다. 야크들은 긴 머리카락에 쌓인 눈과 얼음을 얼른 털어 냈습니다. 마르코는 말을 타고 가면서 눈을 감았습니다. 대기 속에서 봄 기운이 느껴졌습니다.

실크로드의 북로와 남로는 카슈가르에서 만나게 됩니다. 이 도시는 추운 파미르 고원과 뜨거운 타클라마칸 사막 사이에 끼어 있습니다. 카슈가르에서는 추운 산맥을 넘으며 몸이 꽁꽁 언 사람이나 뜨거운 사막을 기어 나온 사람이나 어디 방향에서 온 여행자건 나머지 여행에 필요한 것은 무엇이든 구할 수

▶ **카슈카르**
파미르 고원 기슭에 위치한 카슈가르는 서아시아와 인도, 중국 우루무치 등의 교역 중심지로 중요한 역할을 했다.

있었습니다.

    카슈가르의 시장은 사람들이 몰려들어 활기가 넘쳤습니다. 마르코도 시장으로 갔습니다. 그 지역 상인들은 멀리 인도, 중국, 페르시아에서 온 외국 상인들과 경쟁적으로 크게 소리치며 자기 물건을 좋은 값에 팔려고 애썼습니다. 그들은 가축, 아름다운 천과 비싼 모피, 깔개, 보석이 박힌 단검과 칼들의 값을 흥정했습니다. 마르코는 그곳에서 나는 달콤하고 향기로운 멜론을 우적우

▶ 육두구

육두구
인도네시아의 몰루카 섬이 원산지인 상록낙엽수. 톡 쏘는 독특한 향이 있으며 약간 단맛이 난다. 씨앗은 약이나 향신료로 쓰인다.

적 씹으면서 열심히 물건을 팔았습니다. 그는 코비난에서 산 거울들을 팔고 인도와 향료 제도에서 나는 육두구, 후추, 계피를 샀습니다. 그는 이익이 많이 남는 거래를 할 때 큰 보람을 느꼈습니다.

마르코가 맛있는 멜론을 먹고 있을 때였습니다. 고기 굽는 냄새가 훅 풍겨 왔고 곧 배 속에서는 꼬르륵꼬르륵 신호를 보내기 시작했습니다. 꼬챙이에 끼운 고기가 화로 위에서 지글지글 구워지고 있었습니다. 그 옆에는 다음에 구울 양고기와 염소고기가 갈고리에 걸려 있었습니다. 가죽을 파는 노인이 마르코를 보고 웃으며 손을 흔들었습니다. 노인의 얼굴은 그가 파는 가죽처럼 거무스름했습니다.

폴로 일행은 카슈가르에서 얼마간 머물면서 물건을 팔기도 하고, 중국에서 인기 있을 만한 물건은 사들이기도 했습니다.

💡 산소가 희박한 고지대

고도가 높으면 높을수록 공기 중 산소의 양은 적어집니다. 우리는 이것을 산소가 희박하다라고 말합니다. 고도가 아주 높은 파미르 고원 정상 근처는 산소가 매우 희박합니다. 불이 타는 것을 일종의 화학 반응인 연소 작용이라고 하는데, 연소 작용이 일어나려면 산소가 필요합니다. 산소가 있어야 열을 내고 불꽃 형태로 빛을 낼 수 있습니다. 불은 산소가 많을수록 더 뜨겁습니다. 그러나 고도가 높은 곳에서는 산소가 희박하기 때문에 불꽃이 평상시보다 크지도 않고 뜨겁지도 않습니다. 그래서 요리를 하기 위해 물을 끓이려면 시간이 오래 걸리게 됩니다.

마르코 폴로 양

7세기 반이 지난 오늘날에도 마르코가 파미르 고원에서 머물렀던 기록이 남아 있습니다. 그는 파미르 고원의 야생 양에 대해 처음으로 설명한 유럽인이었습니다. 그래서 그 이후로 이 양은 마르코 폴로 양이라고 불리게 되었습니다. 이 양들은 구부러진 아주 긴 뿔을 갖고 있는데, 가장 긴 뿔은 191센티미터로 사람 키만 합니다! 안타깝게도 마르코 폴로 양은 이제 겨우 6,000마리 정도밖에 남아 있지 않아 멸종 위기에 놓여 있습니다.

▶ 마르코 폴로의 실크로드 여행 경로 | 카슈가르 – 호탄 – 고비 사막 – 상도 – 청두

3장 카슈가르에서 청두까지

뜨거운 사막과 매서운 추위가 있는 고원 지대를 지나 카슈가르까지 온 폴로 일행은 중국으로 가는 여행을 계속합니다. 이번에는 고비 사막을 지나야 하는 험난한 여정이 있었습니다. 거의 한 달간 계속된 모래사막의 끝에서 폴로 일행은 드디어 쿠빌라이 칸의 사람들을 만나게 됩니다.

[칸을 만나다]

　폴로 일행은 다시 야크를 낙타로 바꿔 탔습니다. 그들은 카슈가르에서 또 다른 교역 중심지인 호탄으로 가는 카라반에 합류했습니다. 그 길은 타클라마칸 사막의 남쪽 끝을 빙 돌아갔습니다. 끝없이 이어진 무미건조한 모래사막을 걷다 어쩌다 만나게 되는 오아시스 마을은 언제나 반가웠습니다.

　마르코 일행은 이제 마지막이자 가장 큰 도전을 시작해야 했습니다. 바로 고비 사막을 건너는 일이었습니다. 그들이 한 여행자 숙소에서 머물렀을 때였습니다. 한 노인이 고비 사막에 관한 끔찍한 이야기를 들려주었습니다.

　"일 년!"

　그가 소리쳤습니다. 그는 앞에 있는 탁자를 주먹으로 쾅쾅 두드렸습니다.

　"저 사막을 여행하려면 꼬박 일 년이 걸릴 거요. 가장 빠른 길로 가도 한 달은 걸릴걸. 문제는 갈증만이 아니야. 더 큰 문제가 있지."

　그는 마르코를 보자 눈을 찡그리며 목소리를 낮추었습니다.

　"바로 악령들이지. 너도 보게 될 거다. 그들의 소리를 듣게 될 거야."

　그의 웃음은 소름이 돋을 정도로 섬뜩했습니다. 마르코는 얼른 뒤로 물러나 앉았습니다. 악령들이라! 마르코는 걱정이 되었습니다. 폴로 일행은 그들을 데려다 줄 최고의 안내인들을 구했습니다. 그들은 오랜 시간 동안 오지를 탐험해 왔기 때문에 폴로 일행을 사막에서 죽게 내버려 두지 않을 믿음직한 사람들이었습니다. 폴로 일행은 한 달 이상 버틸 수 있는 충분한 물과 식량을 실었습니다. 그들은 모든 준비를 갖추었습니다.

사막이 가까워지자 후끈거리는 열기 때문에 계획을 한 번 바꾸어야 했습니다. 그들은 밤 동안 움직이고 날이 밝으면 야영을 하기로 했습니다. 마르코는 이제 뜨거운 곳은 다 지나왔을 거라고 생각했지만 이 열기는 살아 움직이는 생물 같았습니다. 매일 아침 야영지를 세울 때면 숨을 들이쉴 때마다 들어오는 뜨거운 열기가 가슴을 쥐어뜯는 것 같은 고통을 안겨 주었습니다. 카라반의 그늘에서 벗어나 뜨거운 열기 아래 있다는 것은 상상하기조차 싫었습니다.

호탄 옥

호탄은 유룽 카슈와 카라 카슈의 두 강 사이에 있는데 두 강물이 산맥으로부터 옥 더미를 씻어 내렸습니다. 밝은 크림색의 옥도 있었고 진녹색, 그 밖의 노랑, 진홍, 새까만 검정색을 띠는 옥도 있었습니다. 그 중에서도 가장 희귀하고 귀한 것은 연두색, 가는 금색 줄무늬가 있는 녹색, 작은 빨간 반점들이 있는 흰색의 옥들이었습니다.

▶ 호탄 옥 조각품

마르코가 살던 시대의 사람들은 여자들이 옥과 특별한 관계가 있다고 믿었습니다. 여자들은 강바닥에 있는 작은 옥 덩어리들을 찾기 위해 얼음장 같은 물속으로 뛰어들었습니다. 한쪽 강에는 거의 흰 옥이 있었고, 다른 쪽 강에는 주로 어두운 옥이 있었습니다. 광부들은 마른 강바닥에서 더 크고 더 무거운 돌들을 파헤쳤습니다. 어떤 사람들은 산에서 옥을 캐기도 했지만 강에서 발견한 것만큼 아름답지 않았습니다. 옥은 금이나 은보다 더 가치가 있었습니다. 뛰어난 예술가들이 그 소중한 돌을 조각해서 왕속과 최고위층 신하들을 위해 보석과 조각품들을 만들었습니다. 옥은 상인들에게도 좋은 품목이었습니다. 운반하기 쉬우면서도 큰 이익을 낼 수 있었기 때문입니다.

고비 사막

고비란 몽골어로 '풀이 잘 자라지 않는 거친 땅'이란 뜻입니다. 고비라는 말의 뜻처럼 고비 사막 대부분의 지역은 자갈과 돌, 바위 등의 암석사막 지역이고, 모래사막으로 된 지역은 매우 적습니다. 초원 지대가 포함되어 있지만, 풀 한 포기 나지 않을 만큼 메마르고 황량한 불모지도 3분의 1이나 된답니다. 고비 사막은 대륙성 건조 기후로 유명한 곳입니다. 겨울에는 영하 40도까지 내려갈 만큼 아주 춥고, 여름에는 45도까지 온도가 올라 매우 덥습니다. 고비 사막에서 바람에 날린 황사는 편서풍을 타고 한반도와 일본을 건너 하와이까지 가기도 합니다.

고비 사막에 펼쳐진 거대한 자갈밭을 바라보면 눈이 타들어 가는 것 같았습니다. 그는 가끔씩 번들거리는 열기 속에서 어떤 것들이 움직이는 것을 분명히 보았습니다. 사막의 악령들이 때를 기다리며 계속 누워 있는 것 같기도 했습니다. 며칠 동안 마르코는 한잠도 잘 수 없었습니다.

어느 날 저녁, 낙타가 터벅터벅 규칙적으로 흔들리자 마르코는 노곤해지기 시작했습니다. 스르르 눈이 감기고 잠에 빠졌다고 느낀 순간 그는 정신을 차리고 주위를 둘러보았습니다. 주변에는 아무도 없었고, 횃불은 어디에 떨어뜨렸는지 보이지 않았습니다! 인기척이라곤 전혀 없고 암흑 같은 깊은 어둠만이 가득했습니다. 그때 어둠 속에서 속삭이는 소리, 즐겁게 들리는 말소리가 들려오는 것 같았습니다. 마르코는 목 뒤가 서늘하고 머리카락이 곤두서는 것 같았습니다.

"아버지!"

그는 소리쳤습니다.

"삼촌! 안 보여요. 도와줘요!"

이제는 음악 소리가 들렸습니다. 조용히 짤랑짤랑하는 소리였습니다.

"아버지!"

겁에 질린 그의 목소리는 거의 비명에 가까웠습니다. 짤랑짤랑하는 소리는 점점 더 커졌습니다. 몸을 돌리자 갑자기 밝은 빛이 비쳐 눈이 부셨습니다.

"마르코."

분명히 자기 이름이었습니다. 그러나 너무 무서워 꼼짝도 할 수 없었습니다.

"마르코!"

3장 | 카슈가르에서 청두까지

지도 제작자들에게 마르코의 책은 아주 중요했다. 14세기의 지도 위에 그려진 그림에서 폴로 가족은 카라반과 함께 사막을 건너고 있다.

갑자기 손 하나가 그의 어깨를 건드렸습니다. 그는 비명을 질렀습니다.

"마르코, 나다. 아버지야!"

아버지가 마르코의 어깨를 손으로 꽉 잡았습니다.

"나야! 괜찮다. 횃불은 어디 있니? 네 낙타가 잠시 길을 잃었나 보구나. 낙타 목에 종도 달지 않다니……. 이런 일이 있을 때 서로 찾을 수 있게 종을 달아야 한단다. 자, 가자. 내 뒤를 따라오너라."

마르코는 고삐를 꽉 잡았습니다. 그는 말을 할 수가 없었습니다. 짤랑짤랑하는 소리는 낙타 목에 달린 종 소리였습니다. 마르코는 무슨 생각을 하고 있었을까요? 분명 악령이었을 겁니다. 그는 머리를 흔들며 거칠게 숨을 내쉬었습니다. 생각해 보니 좀 바보 같다는 생각도 들었습니다. 아버지는 마르코가 얼마나 겁을 먹고 있었는지에 대해서는 한마디도 하지 않았습니다.

시간이 지나면서 마르코는 점차 사막에서 먹는 음식들이 지겨워졌습니다. 소금에 절인 고기, 딱딱한 빵, 치즈에 마실 거라곤 물밖에 없었습니다. 밤은 추웠지만 낮 동안의 뜨거운 열을 식혀 주는 쌀쌀한 공기는 기분 좋게 느껴졌습니다. 움직이면 몸은 따뜻해졌습니다. 마르코는 이제 항상 낙타의 목에 좋은 달았는지, 횃불이 밝게 타오르는지 확인했습니다. 안내인들은 그에게 까만 하늘에 점점이 박혀 있는 별들이 어떻게 지도 역할을 하는지 알려 주었습니다. 그들은 별들을 이용해 끝없는 황무지에서 가야 할 길을 찾았습니다.

폴로 일행은 거의 1,000킬로미터에 달하는 사막을 건넜습니다. 중국 북부에 도착하는 데 한 달이 걸렸습니다. 사막을 막 벗어났을 때 거대한 무리가 그들을 향해 다가왔습니다.

"마르코, 내 옆으로 오너라."

니콜로가 말했습니다. 그는 마페오에게도 옆으로 오라는 손짓을 했습니다. 그들이 기다리는 동안 낙타들이 토를 하며 앓는 소리를 냈습니다.

"강도들일까? 보이니?"

니콜로가 물었습니다. 모두들 누가 앞에서 다가오는지 보려고 목을 빼고 쳐다보았습니다. 소용돌이치는 먼지 구름 때문에 낯선 이들의 얼굴이 보이지 않았습니다. 안내인들은 이미 수고비를 받았기 때문에 폴로 일행을 내버려 두고 조용히 사라져 버렸습니다.

실크로드의 동물들

실크로드에서 대부분의 사람들은 낙타와 말을 이용했지만 야크나 소, 당나귀, 암말들도 사람을 태우고 수레를 끌었습니다. 가끔은 몇 마리의 코끼리들이 거대한 짐을 싣고 느릿느릿 따라가기도 했습니다. 어떤 동물을 이용하느냐의 문제는 여행자가 가고 있는 길이 실크로드의 어느 지점이냐에 달려 있었습니다. 북부 초원 지대에서는 말이나 소가 무거운 사륜마차를 끌었습니다. 중국 북부를 통과하는 여행자들은 말과 가벼운 수레를 이용했습니다. 발을 단단히 딛고 걷는 긴 머리의 야크는 고도가 높은 추운 산에 가장 적합한 동물이었습니다.

사막에서 길을 잃지 않으려면 낙타가 최고의 선택이었습니다. 낙타는 한 마리당 약 225킬로그램의 물건을 운반할 수 있으며, 물 없이도 2주일을 갈 수 있습니다. 넓은 발을 가진 낙타는 모래 속으로 빠지지 않았습니다. 모래 폭풍 속에서는 콧구멍을 닫을 수 있고, 긴 속눈썹으로 모래가 눈 속으로 들어가는 것을 막을 수 있습니다. 하나의 카라반은 낙타를 50마리 정도 끌고 한 줄로 이동합니다. 앞에 있는 낙타의 꼬리와 뒤에 있는 낙타의 머리를 연결해 한 줄로 길게 이동하는 것입니다.

실크로드에 사는 폴로양, 야크, 소, 당나귀, 암말 등의 동물들은 여행자들에게 많은 도움이 되었다.

폴로 일행은 길에서 비켜서서 서로 딱 붙어 있었습니다. 짐을 실은 낙타들을 데리고는 도망칠 수도 숨을 수도 없었습니다. 그들은 다가오는 것이 무엇이든 정면으로 부딪쳐야 했습니다. 낯선 무리가 점점 가까워지고 다양한 색깔의 비단옷을 입은 사람들이 보이기 시작했습니다. 주황, 빨강, 검정, 노랑 등. 모두가 비단옷을 입고 있는 게 아닙니까! 폴로 일행은 깜짝 놀라며 눈길을 주고받았습니다. 비단은 베네치아에서 아주 비싼 물건이었습니다.

근육이 탄탄해 보이는 작은 말들이 보이고 깃발들이 천천히 시야에 들어왔습니다. 폴로 일행을 보자 그들의 햇빛에 그을린 주름진 얼굴에 미소가 번졌습니다. 아몬드 모양의 까만 눈은 생기 있고 친근하게 느껴졌습니다.

"여보시오!"

선두에 선 남자가 불렀습니다.

"우리는 베네치아에서 온 쿠빌라이 칸의 친구들을 찾고 있습니다."

그는 폴로 일행 앞에서 말을 멈췄습니다.

"당신들이 맞습니까?"

그제야 세 사람은 안도감에 어깨에 힘이 절로 빠지고 숨을 크게 내쉬었습니다. 이들은 칸이 보낸 황실 호위대였습니다. 폴로 일행은 이들 덕분에 이제 중국의 상도까지 남은 40일 동안 순조롭게 갈 수 있게 되었습니다. 그들은 다시 도로로 나왔습니다. 마르코는 아버지 옆으로 가서 섰습니다.

"그런데 칸이 어떻게 우리가 여기에 있는 걸 알았을까요?"

마르코가 속삭였습니다.

"아버지와 삼촌은 몇 년 전에 중국을 떠나셨는데 칸은 우리가 국경에 도착

▶ 쿠빌라이 칸을 알현하는 마르코 일행
폴로 일행은 베네치아를 떠난 지 4년여 만에 중국에 도착했고, 쿠빌라이 칸을 다시 만날 수 있었다.

하자마자 사람을 보냈잖아요. 그가 초능력을 갖고 있나요?"

니콜로는 그저 미소 지으며 마르코에게 조용하라는 뜻으로 입술에 손가락을 갖다 댔습니다.

중국까지 가는 여행은 거의 4년이 걸렸습니다. 마르코는 스무한 살이 되었고, 실크로드를 따라 여행하면서 동방의 4개 언어를 익혔습니다. 카라반은 1275년 여름에 상도에 있는 쿠빌라이 칸의 여름 궁궐에 도착했습니다.

그들은 나무와 철로 된 육중한 문을 지나 성벽으로 둘러싸인 궁궐 안으로 들어갔습니다. 마르코는 다른 쪽 벽을 찾아보았지만 보이지 않았습니다. 궁궐은 너무나 넓었습니다. 마치 그곳이 도시 전체인 것 같았습니다. 그들이 내리자 사람들이 낙타들을 재빨리 끌고 갔습니다. 폴로 가족의 물건들과 수레들은 창고에 보관되었습니다.

그들이 궁전에 더 가까이 갔을 때 마르코는 자신의 눈을 의심해야 했습니다. 거대한 건물이 전부 흰 대리석으로 만들어져 있었습니다. 그들이 안으로 들어갔을 때 그는 손을 뻗어 벽을 만져 보았습니다. 벽은 유리처럼 부드럽고 여름인데도 차가웠습니다.

폴로 가족은 방과 복도로 된 구불구불한 미로를 따라 안내되었습니다. 어떤 벽들은 금으로 덮여 있었는데 햇빛을 받아 너무 반짝거려서 눈이 부실 정도였습니다. 또 어떤 벽들은 아름다운 태피스트리와 벽 장식품이 걸려 있거나 벽화가 정교하게 그려져 있었습니다.

폴로 가족 세 명은 가장 큰 방으로 들어가 칸 앞에 무릎을 꿇었습니다. 무릎을 딱딱한 대리석에 대고 있으려니 아팠습니다. 그들이 그 방에 들어갔을 때 한 사람이 그들을 가리키며 속삭이는 소리를 들었습니다. 세 사람은 몹시 초조했습니다. 성유와 선물 그리고 교황의 편지가 칸의 마음에 들까요? 그들이 돌아오느라 그렇게 오래 걸린 것에 대해 칸이 분노하지는 않을까요?

"폐하."

니콜로가 먼저 말을 했습니다.

"저희는 폐하가 내리신 임무를 마치고 돌아왔습니다. 저희는 임무를 완수하기 위해 최선을 다했습니다."

그는 아직도 머리를 숙이고 있는 마르코를 향해 눈짓을 보냈습니다.

"그리고 여기 제 아들이자 폐하의 충실한 신하인 마르코를 데려 왔습니다."

그들은 숨을 죽이고 칸이 어떻게 할까 지켜보며 가만히 기다렸습니다.

칸의 궁궐

쿠빌라이 칸은 두 개의 별궁을 갖고 있었습니다. 상도에 있는 여름 궁궐과 지금의 베이징 바로 밖에 있는 겨울 궁궐이 그것입니다. 마르코에 따르면, 각 궁궐마다 6,000개의 객실이 있었습니다. 지붕도 평범하지 않았습니다. 지붕은 진홍, 노랑, 파랑, 녹색이었고 광택제를 덧발라서 수정처럼 반짝반짝 빛이 났습니다.

궁궐은 높고 두터운 성벽으로 둘러싸여 있었습니다. 벽은 하얗게 칠해졌고 정사각형 모양이었습니다. 각 구석에는 감시탑이 세워져 있었습니다. 궁궐을 둘러싼 성벽의 둘레만 거의 30킬로미터에 달했습니다. 궁궐 안에는 여러 곳에 개울이 흐를 뿐만 아니라 호수가 있고, 동물들이 뛰노는 숲과 들판이 있었습니다. 숲에는 칸이 사냥할 수 있도록 사슴과 영양을 풀어놓았고 200마리 이상의 사냥매를 훈련시키기 위해 작은 동물들도 풀어놓았습니다.

칸은 궁궐 안에서 말 타는 것을 좋아했습니다. 칸은 애완동물로 표범 한 쌍을 키우고 있었는데 때때로 말 등에 태우고 다니기도 했습니다. 쿠빌라이 칸은 거의 1만 마리의 말을 갖고 있었는데 그 말들은 모두 백마였습니다. 몽골족인 칸은 암말의 젖을 마셨고, 왕족만이 흰 암말들의 젖을 마실 수 있었습니다.

▶ 쿠빌라이 칸의 여름 궁전
쿠빌라이 칸은 상도(上都)에 지은 궁궐에서 여름의 무더위를 피했다. 상도는 오늘날 중국의
네이멍구 자치구 남부인 돌룬노르를 일컫는다.

[칸을 위해 일하다]

칸은 잠시 동안 그들을 유심히 살폈습니다.

"일어나라."

그가 말했습니다. 그는 아무 말도 하지 않은 채 자기 앞에 있는 사람들의 얼굴을 들여다보았습니다. 마르코는 몸의 무게를 한쪽 발에서 다른 쪽 발로 옮겨 실었습니다. 갑자기 쿠빌라이 칸이 미소를 지었습니다.

"어서들 오시게! 나는 자네들이 돌아오리라고는 기대하지 않았다. 자네들이 가져온 선물과 편지는 아주 감사히 받겠다."

폴로 가족은 일제히 참았던 숨을 내쉬었습니다.

"유감스럽게도 성직자들은 함께 오지 못했군."

그는 입술을 꼭 다물고 생각에 잠겼습니다.

"하지만 왕이 바뀌면 상황도 어쩔 수 없이 변한다는 걸 나도 잘 알고 있다. 자네들은 내가 준 임무를 완수하기 위해 최선을 다했을 거라 믿는다. 자네들은 충실한 사람들임에 틀림없다."

그가 손가락을 까딱하자 여러 명의 신하들이 사방에서 나타났습니다.

"중국으로 돌아온 이들을 환영하는 연회를 준비하라."

그가 손을 흔들자 하인들이 음식을 만들기 위해 황급히 사라졌습니다.

"자네들은 나와 함께 이 궁궐에 머물게 될 거다. 짐은 자네들의 여행 이야기와 자네들이 본 것에 대해 듣고 싶다."

연일 환영의 잔치가 베풀어지고 여러 날이 흘렀습니다. 마르코는 쿠빌라이 칸을 만날 때마다 그를 꼼꼼히 살펴보았습니다. 쿠빌라이 칸은 마르코보다 나이가 두 배나 더 많았습니다. 그는 보통 키에 창백한 피부와 빛나는 까만 눈을 가지고 있었습니다. 마르코에게 칸은 완벽한 왕처럼 보였습니다. 영리한 머리와 열린 마음을 갖고 있었으며, 강인했고 결단력이 있었습니다.

쿠빌라이 칸과 마르코는 금방 서로를 좋아하게 되었습니다. 쿠빌라이 칸은 폴로 가족을 궁궐에 머물 수 있게 해 주었습니다. 칸은 폴로 가족과 함께 머무르는 것이 무척 기뻤습니다. 곧 그는 마르코를 신임하게 되었습니다.

"여기 궁궐에는 내가 신임하는 사람이 많지 않아."

어느 날 오후, 둘이 차를 마실 때 그가 말했습니다.

"나는 내 중국 백성들이 자기네 나라를 되찾기 위해 모의하고 있을 거라는 것을 늘 염두에 두고 있지. 무엇보다……."

그는 마르코에게 미소 지으며 잠시 말을 멈추고 까만 눈으로 살짝 윙크했습니다.

"나는 몽골 첩자들을 전국 곳곳에 배치해서 나의 제국에서 일어나는 모든 중요한 일들에 대해 내게 전하도록 하고 있다. 그게 내가 할 일이고."

'그래서 우리가 오고 있다는 것을 그가 알고 있었던 거구나!'

마르코는 그제야 궁금증이 풀렸지만 그의 새 친구가 특별한 능력을 갖고 있지 않다는 것을 깨닫고 조금 실망했습니다.

칸은 니콜로와 마페오에게 몽골 제국을 여행하면서 교역을 할 수 있도록 허락했습니다. 때때로 그들은 몇 달 동안 교역을 다녀오기도 했습니다. 그동안 마르코는 대부분의 시간을 칸과 함께 보냈습니다. 마르코는 영리하고 여러 언어를 할 수 있었기 때문에 황제가 가장 아끼는 신하가 되었고 훌륭한 관직도 받았습니다. 칸은 그에게 세무 관리, 인구 조사원, 감독관으로 일해 줄 것을 여러 번 권했습니다. 가끔 마르코는 칸을 위해 첩자로 활동하기도 했습니다.

칸의 신하로 일하면서 중국의 오지와 미얀마 북부, 심지어 인도까지 실크로드를 전부 여행했습니다. 황제는 마르코가 본 사람들과 장소들에 관해 들려주는 재미있고 자세한 이야기들을 좋아했습니다. 그는 쿠빌라이 칸에게 보고를 할 때도 서류가 아니라 직접 말로 했고, 그가 들려주는 이야기들은 항상 흥미진진했습니다. 마르코도 칸에게 여행 이야기를 들려주면서 그를 즐겁게 해 주는 것이 아주 좋았습니다.

하지만 가끔은 그의 직업 때문에 위험에 처할 때도 있었습니다. 티베트에 갔을 때 마르코는 폐허가 된 어떤 도시를 발견하고는 더 가까이 가 보고 싶은 생각이 들었습니다. 호위대는 폐허에서 귀신이 나온다며 반대했기 때문에 그는 호위대를 남겨 두고 혼자 갔습니다.

주변에 어둠이 내리기 시작했습니다. 마르코는 가능한 아주 조심스럽게 걸으려고 애썼습니다. 살아 있는 것이라고는 아무것도 없는 듯 어떤 소리도 나지 않았습니다. 마르코 자신의 숨소리조차 여기서는 크게 들렸습니다. 적막한 기운에 으스스한 느낌이 들었습니다.

▶ 호랑이
마르코 폴로는 호랑이를 실크로드를 따라 중국 여행을 하며 처음 보았다.

그렇지만 마르코는 폐허가 된 도시가 신비한 아름다움을 지니고 있다고 느껴졌습니다. 그는 한동안 누군가의 안식처였을 어느 집의 담 안으로 들어가 눈을 감고 말 없이 계속 서 있었습니다.

문득 혼자가 아니라는 느낌이 들었습니다. 그는 재빨리 눈을 떴지만 움직이지 않고 가만히 있었습니다. 불빛이 흐릿해서 주위가 잘 보이지 않았습니다. 횃불도 가져오지 않았습니다. 집으로 돌아가야 할 것 같았습니다. 그가 담장 밖으로 막 걸음을 옮기려는 순간이었습니다. 그가 서 있는 담장 바로 앞길에 몸집이 거대한 동물 한 마리가 조용히 어슬렁거리고 있었습니다. 그 동물은 머리를 높이 쳐들고 마치 허공에서 무슨 냄새를 맡는 것 같았습니다. 마르코는 제발 자신의 냄새를 맡는 것이 아니길 빌었습니다!

마르코는 그 큰 동물의 무게가 거의 200킬로그램은 될 거라고 생각했습니다. 흐릿한 불빛 아래를 걷는 이 동물의 몸은 얼룩져 보였습니다. 주황색 털에 짙은 줄무늬가 있어서 때때로 사라진 것처럼 보이기도 했습니다. 마르코는 가능한 조용히 걸으면서 그 사나운 사냥꾼이 있는 반대쪽 길로 재빨리 빠져나왔습니다. 마르코가 본 큰 동물은 바로 호랑이였습니다. 호랑이를 본 경험은 칸에게 들려줄 대단한 이야깃거리가 되었습니다.

또 한 번은 그의 일행이 아시아 남동쪽에 있는 늪이 많은 호수 근처를 지날 때였습니다. 그들이 말에게 물을 먹이려고 멈추었을 때였습니다. 호숫가에 통나무처럼 떠 있던 것이 갑자기 눈을 번쩍 떴습니다. 마르코는 놀라서 얼른 뒤로 물러서다가 넘어질 뻔했습니다. 그것은 통나무가 아니라 끔찍하게 큰 뱀이었습니다. 그런데 이 뱀은 땅딸막한 다리가 네 개 달려 있었고, 발마다 세 개의 발톱이 있었습니다. 큰 뱀이 쉬익 하는 소리를 내며 거대한 턱을 벌리자 마르코는 말 뒤로 얼른 숨었습니다. 마르코는 말의 목을 붙든 채 흘낏 보았습니다. 너무나 날카로운 이빨들이 일렬로 늘어져 있었습니다. 사람을 통째로 삼키고도 남을 듯했습니다! 그 야수는 섬광처럼 재빠르게 몸을 돌려 물속으로 거의 잔물결도 일으키지 않고 유유히 미끄러져 갔습니다. 마르코는 그렇게 큰 동물이 빨리 움직이는 것을 보고 깜짝 놀랐습니다. 호위대는 그에게 이 무시무시한 괴물이 우연히 물가에 다가갔던 사자 새끼를 잡아먹었다는 이야기를 들려주었습니다.

 ## 악어

마르코가 본 큰 뱀은 바로 악어였습니다. 악어는 2억 년 전부터 지구에서 살았습니다. 악어가 공룡보다 먼저 살았었다는 의미입니다. 악어는 길이가 1미터부터 거의 5미터까지 다양합니다. 세계 기네스북에 올라 있는 살아 있는 가장 큰 악어는 인도의 야생 동물 보호 구역에서 살고 있는 악어로 길이가 7미터나 됩니다! 무게가 1,200킬로그램 이상 나가는 악어도 있습니다. 세계에서 가장 나이를 먹은 악어는 아마 미스터 프레쉬일 것입니다. 이 악어는 오스트레일리아 동물원에서 살고 있는데 130살 남짓 되었습니다.

마르코가 칸의 신하로 있으면서 가장 매료됐던 것은 바로 중국의 지폐였습니다. 마르코는 처음에 누군가 그에게 지폐로 물건값을 지불하려고 했을 때 장난하는 줄 알았습니다. 베네치아에서 온 마르코는 종이를 돈처럼 사용하는 걸 본 적이 없었던 것입니다. 하지만 쿠빌라이 칸이 지배하는 나라에서는 모두 지폐를 사용했습니다. 폴로 가족은 처음에는 깜짝 놀랐지만 그들도 곧 지폐를 자연스레 사용하기 시작했습니다. 게다가 마르코는 지폐를 더 좋아하게 되었습니다. 지폐는 금화나 보석보다 훨씬 가벼워서 들고 다니기도 쉽고 숨기기도 쉬웠습니다.

마르코는 칸을 위해 일하면서 많은 돈을 벌었고, 니콜로와 마페오는 교역으로 부자가 되었습니다. 몇 년이 흐르자 궁궐에 있던 다른 사람들이 폴로 가족을 질투하게 되었습니다. 이제 쿠빌라이 칸은 80세에 가까운 나이가 되었습니다. 그의 건강은 좋지 않았지만 그 시대의 보통 사람들보다 훨씬 오래 살았습니다.

어느 날 오후, 폴로 가족은 궁궐에 있는 마르코의 아름다운 방에서 함께 자기로 된 우아한 컵으로 뜨거운 차를 마시며 얘기를 나눴습니다. 따뜻한 불이 타오르고 대리석 바닥에 깔린 푹신한 터키산 양탄자는 그들의 발을 따뜻하게 덥혀 주었습니다.

"이곳에 있는 많은 사람들은 우리가 사라지기를 원하고 있어."

니콜로가 걱정스럽게 말을 꺼냈습니다.

"맞아요."

마페오가 고개를 끄덕였습니다.

"칸이 돌아가시면 우리는 감옥에 가거나 어쩌면 죽임을 당할지도 몰라요. 아무도 우리를 보호해 주지 못할 거예요."

세 사람은 이제 고국으로 돌아갈 시간이 되었다고 생각했습니다. 하지만 그들이 떠나기 위해서는 칸의 허락을 받아야 했습니다.

지폐의 사용

폴로가 도착하기 이미 천 년 전부터 중국에서는 지폐를 사용하고 있었습니다. 중국의 종이는 누에의 먹이가 되는 뽕나무 껍질에 있는 섬유질로 만들어졌습니다.

마르코가 살던 시대에 대부분의 유럽 사람들은 종이를 사용하지 않았습니다. 그들은 동물의 가죽인 피지를 종이처럼 사용하고 있었습니다. 피지는 양이나 염소, 송아지 가죽을 말려 만든 것으로 만드는 방법이 매우 복잡하고, 무척 비쌌습니다. 그래서 피지에 돈을 인쇄할 수 없었습니다. 피지는 글을 쓰는 데만 사용되었습니다. 이에 반해 중국은 피지를 만드는 것보다 쉬운 방법으로 종이를 만들어 사용하고 있었습니다.

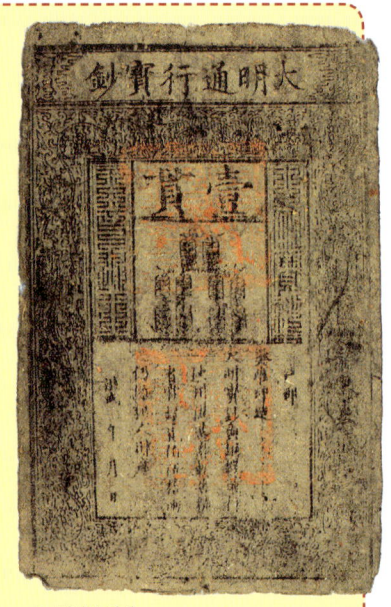

▶ 명나라 지폐
중국이 명나라 시대에 사용한 지폐

[떠나기 위한 시도]

　폴로 가족은 중국을 떠나기 위해 3년에 걸쳐 황제에게 여러 번 조국으로 떠나게 해 달라고 요청했습니다. 황제는 그럴 때마다 그들에게 더 많은 금을 주거나 더 나은 교역로를 보장해 주거나, 심지어 땅까지 주었습니다. 황제는 폴로 가족을 친구처럼 여겨 곁에 두고 싶었습니다. 마르코는 자신들이 왜 떠나려고 하는지 최선을 다해 설명했지만 칸은 매번 거절했습니다. 그는 폴로 가족이 떠나고 싶어 한다는 사실에 상처를 받은 것 같았습니다. 폴로 가족은 중국을 몰래 빠져나가려는 시도조차 할 수 없었습니다. 칸의 첩자들이 곧 그들을 발견하고 칸에게 알릴 것이 분명하기 때문이었습니다.

　마르코는 중국에서 인생의 거의 절반을 보냈습니다. 어쩌면 그는 그곳에서 인생을 마치게 될지도 모릅니다. 그런데 폴로 가족에게 조국으로 돌아갈 방법이 생긴 사건이 일어났습니다. 1287년에 페르시아의 아르군 칸의 몽골인 아내 볼가나 황후가 세상을 떠났습니다. 그녀의 마지막 소원은 아르군이 몽골족의 여인과 다시 결혼하는 것이었습니다. 그래서 아르군은 세 명의 사신을 쿠빌라이 칸에게 보내 신부를 구해 줄 것을 요청했습니다. 칸은 17살의 코카친 공주를 신부로 보내기로 결정했습니다.

아르군 칸(1258경~1291)
이란과 소 아시아를 통치한 몽골의 일칸국 제 4대 칸이다.

　그러나 그녀를 페르시아로 데리고 가는 것은 쉬운 일이 아니었습니다. 칭기즈칸의 손자들이 서로 싸우기 시작했기 때문입니다. 실크로드의 육로는 더 이상 안전하지 않았습니다. 공주는 바다로 여행해야 했습니다.

마침내 폴로 가족에게 기회가 찾아왔습니다. 마침 마르코는 인도 여행에서 막 돌아왔기 때문에 뱃길을 잘 알고 있었습니다. 그는 자신이야말로 공주를 안전하게 수행할 수 있는 완벽한 안내인이라고 생각했습니다. 그는 칸을 찾아가 얘기해 보기로 마음먹었습니다.

마르코가 칸이 있는 넓은 방으로 들어갔을 때, 쿠빌라이 칸은 세 명의 페르시아인과 함께 있었습니다.

"폐하, 신 마르코 인사드리옵니다."

마르코는 깊이 고개 숙여 절을 했습니다. 비록 두 사람은 친구였지만 그는 어디까지나 황제였습니다.

"자네가 공주를 페르시아까지 안전하게 모시고 가고 싶어 한다는 것을 알고 있네. 육로는 너무 멀고 또 젊은 여인에게는 너무 위험하지."

칸은 마르코에게 한쪽 눈썹을 추켜올렸습니다. 그는 친구가 무슨 말을 하려는지 알고 있었습니다.

"그래. 그리고 공주를 안전하게 데려가는 것은 내 명예가 걸린 문제네."

"공주님을 해상으로 모시고 가는 것은 어떻겠습니까? 그러면 여행이 더 짧아지고 공주님도 더 안전하게 모실 수 있을 겁니다."

칸은 머리를 끄덕였습니다. 마르코는 계속 밀고 나갔습니다.

"제 아버지와 삼촌과 제가 공주님을 호위하여 모시고 간다면 큰 영광이겠습니다. 아시다시피 저는 비슷한 길을 지나는 해상 여행에서 막 돌아왔습니다. 그래서 페르시아로 가는 길을 잘 알고 있습니다."

초조한 마르코는 목소리가 떨리지 않게 신경 썼습니다. 이 일은 꼭 성사시

켜야 했습니다. 폴로 가족이 고국으로 돌아갈 수 있는 마지막 기회였습니다.

칸은 입을 꽉 다물고 눈썹을 아래로 내렸습니다. 그의 대답을 기다리는 동안 페르시아인들도 마르코의 간청에 힘을 보탰습니다.

"저희들도 이 사람이 우리와 함께 간다면 안심이 될 것 같습니다."

그들이 말했습니다.

"저희는 해상으로 여행을 해 본 적이 없습니다. 길을 잘 알고 위험에 대해 잘 아는 누군가 우리를 안내해 준다면 아르군 왕 역시 기뻐할 것입니다."

칸은 물러서야 할 때를 아는 현명한 황제였습니다. 그는 오랫동안 마르코를 바라보았습니다.

"자네 말이 옳다는 것을 알고 있네."

그는 슬픈 얼굴이 되었고, 한숨을 쉬었습니다. 그러나 곧 친구에게 미소 지었습니다.

"자네와 자네 아버지, 그리고 삼촌이 코카친 공주를 새 남편에게 모셔 가기 위해 페르시아로 떠날 것을 허락하네."

마르코는 심장이 뛰었지만 침착하려고 노력했습니다.

"그러면 제 가족에게 알리고 준비를 시작하겠습니다."

그는 페르시아인들과 의논하기 위해 칸의 방에서 나왔습니다.

쿠빌라이 칸은 자기가 한 말에 책임을 지는 사람이었습니다. 친구가 떠난다는 사실이 슬펐지만 관대하게 그의 여행을 후원해 주었습니다. 그는 그들이 필요한 모든 것을 준비하도록 신하들에게 시켰습니다. 그는 폴로 가족이 안전하게 여행할 수 있도록 황금 명패를 주었습니다. 그는 또 교황, 에스파냐 왕, 영국 왕, 프랑스 왕에게 전달할 편지와 선물도 준비했습니다.

한편 폴로 가족은 황실 조폐국에서 지폐를 금으로 바꾸고, 중국에서 시간이 날 때마다 모아 두었던 보물들도 챙겼습니다. 그들은 베네치아에 돌아가면 이것들을 모두 팔고 장사를 그만두고 편안히 살기를 원했습니다. 그들은 보급품과 소지품들을 14척의 튼튼한 배에 모두 실었습니다.

황제는 마르코를 잃게 되는 것이 슬펐습니다.

"자네가 이 궁궐로 돌아온다면 언제든 환영이네."

그는 배가 출항하는 것을 보러 와서 이렇게 말했습니다.

마르코는 친구를 바라보았습니다. 이제 칸의 머리는 백발이 되었습니다. 회색 수염은 가늘어졌으며 얼굴에는 주름살이 많아졌습니다.

"성은이 망극하옵니다, 폐하."

마르코가 말했습니다. 마르코는 눈물을 참으려고 눈을 깜박거렸습니다. 다시는 서로를 볼 수 없을 것이라는 생각이 들었기 때문입니다.

"저와 제 가족에게 베풀어 주신 모든 은혜에 감사드립니다. 중국을 저희에게 개방해 주셔서 감사합니다. 그리고 오랜 시간 동안 친구로 대해 주셔서 감사합니다."

재산의 일부인 공주들

여자들이 물건처럼 거래된다는 이야기를 들었을 때 여러분은 충격을 받았을지도 모르겠습니다. 옛날에는 대부분의 여자들이 남편을 선택할 수 없었습니다. 결혼은 가문의 세력을 강화시키거나 가문 간의 신뢰를 구축하기 위해, 또는 남자들이 중요하다고 느끼는 어떤 이유들 때문에 여자들의 뜻과는 상관없이 결정되었습니다. 결혼을 결정하는 남자들도 신부가 결혼하는 신랑이 누구인지 알지 못하는 경우가 있었습니다. 젊은 여자는 일단 결혼이 정해지면 단 한 번의 통보로 집과 가족을, 심지어 조국을 떠나야 했습니다.

▶ 마르코 폴로의 실크로드 여행 경로 | 아모이 항 – 수마트라 섬 – 케랄라 – 트레비존드 – 콘스탄티노플 – 베네치아

4장 고국으로 돌아오다

마르코는 쿠빌라이 칸과 헤어져 실크로드 바닷길을 이용해 페르시아로 향합니다. 가는 길에 베트남과 인도네시아 수마트라 섬에 들러 진귀한 경험을 하게 됩니다. 드디어 24년여 만에 고국인 베네치아로 돌아온 폴로는 자신의 여행 경험을 책으로 냈습니다.

[베네치아로 돌아오다]

1292년 초, 마르코 가족은 페르시아 사신들, 몽골 공주, 베네치아 상인들과 함께 아모이 항을 출발했습니다. 선원을 제외한 600명이 승선했습니다. 배 14척에는 그들이 2년 동안 버틸 수 있는 충분한 식량이 실렸습니다. 배의 난간에 기대 선 마르코는 가슴이 부풀어 올랐습니다. 그는 여행 경험도 풍부하고 부유한 남자가 되어 고국으로 돌아가고 있는 것입니다.

폴로 일행은 그해 4월에 인도네시아 수마트라에 도착했습니다. 하지만 계절풍이 부는 시기가 다가왔기 때문에 벵골 만을 건

아모이 항
중국 푸젠 성(福建省) 남부에 있는 항구 도시. '바다 위의 정원'이라는 불릴 만큼 경치가 아름다운 무역항이다.

벵골 만
인도양 북동부에 있는 만으로 서쪽으로는 인도·스리랑카를 경계로 하고 북쪽은 방글라데시, 동쪽은 미얀마 및 말레이 반도 북부에 접하고 있다.

▶ 수마트라 섬
수마트라는 인도네시아에서 두 번째로 큰 섬. 산악 지대를 제외한 지역의 기후는 덥고 습도가 아주 높다.

너는 것을 포기했습니다. 배들은 5개월 동안 항구에 정박했습니다. 마르코는 중국에서도 신기한 것들을 많이 보긴 했지만 수마트라에서 신기한 것을 더 많이 보았습니다.

▶ 코코넛

누군가 그에게 굵은 털로 덮인 갈색 견과를 하나 줬을 때 그는 너무 딱딱해서 깜짝 놀랐습니다. 그 견과는 망치로 쳐서 열어야 했습니다. 그렇게 하면 달콤한 우윳빛 물을 마실 수 있었습니다. 굉장했습니다! 안에 있는 하얀 과육은 씹기에는 약간 딱딱했지만 아주 맛있었습니다. 마르코는 이런 음식을 먹어 본 적이 없었습니다. 마르코는 나중에야 이 과일의 이름이 코코넛이라는 것을 알게 되었습니다.

수마트라를 여행하던 중 마르코는 분명히 유니콘을 보았다고 생각했습니다. 그 동물은 희끄무레한 흰색을 띠고 있었고, 코끝에 긴 뿔이 달려 있었습니다. 나중에 그는 그 긴 뿔 뒤에 가려져 잘 안 보인 짧은 뿔 하나가 더 있었다는 것을 알게 되었습니다. 분명 유니콘은 아니었습니다. 이 동물은 주름이 두껍고 거칠었으며, 말처럼 발굽도 없고 아름답지도 않았습니다. 땅딸막한 다리로 풀밭 위를 느릿느릿 움직였고 꼬리에 난 약간 뻣뻣한 털을 제외하고는 몸에 털이 없었습니다. 바로 흰 코뿔소였습니다. 오늘날 육상 동물 중에서 코끼리 다음으로 큰 동물입니다.

유니콘
이마 한가운데에 한 개의 뿔이 달린 전설 속의 동물이다. 몸통은 말과 비슷하고, 머리는 사슴 혹은 염소와 비슷하며, 발은 코끼리를 닮았고, 꼬리는 멧돼지를 닮았다고 한다. 유니콘의 모든 힘은 다 뿔에서 나오며, 적을 만나면 칼처럼 자유자재로 움직여서 갑옷이나 방패를 뚫어 버린다고 한다.

▶ 인도 케랄라 지역의 어부들
마르코 폴로가 들렀던 인도의 케랄라 지방에서는 진주조개잡이를 많이 했다.

    계절풍이 멈추자 폴로 일행은 인도로 항해하기 시작했습니다. 그들이 인도의 서쪽 해안에 도착한 1293년 계절풍이 불기 시작했습니다. 그들은 다시 해안가에 정박할 수밖에 없었습니다. 인도 케릴라 지방에서 마르코는 잠수부들이 진주를 잡는 것을 직접 보려고 배를 탔습니다. 상인들은 잠수부들을 고용해서 바다 깊숙이 들어가 진주를 구해 오도록 했습니다. 마르코는 이들이 오랫동안 숨을 참는 것을 보고 깜짝 놀랐습니다. 그들은 종종 깜깜한 바닷속으로 30미터 이상 깊이 들어갔습니다. 그렇게 깊이 들어가는 것은 위험했습니다. 종종 물에 빠져 죽는 사람도 있었습니다. 어떤 잠수부들은 상어나 다른 물고기들의 공격을 받아 부상을 입거나 죽기도 했습니다. 마르코는 진주는 구하기가 어렵기 때문에 돈보다 더 가치가 있다는 것을 알게 되었습니다.

일행은 마침내 배를 타고 그해 겨울 페르시아 만에 있는 호르무즈 항에 도착했습니다. 페르시아인들 가운데 두 명이 여행 도중에 죽었습니다. 세 명의 폴로 가족과 살아남은 한 명의 페르시아인은 코카친 공주와 그녀의 수행원들을 육로로 페르시아 북부까지 모시고 갔습니다. 그들이 도착했을 때 아르군의 아들 가잔 왕자는 아르군 왕의 사망 소식을 전했습니다. 그래서 그 젊은 몽골 공주는 왕 대신 가잔 왕자와 결혼하게 되었습니다. 그때 한 사신이 슬픈 소식을 가져왔습니다. 쿠빌라이 칸이 세상을 떠났다는 것이었습니다.

9개월 후, 폴로 가족은 육로 여행의 마지막 발걸음을 뗐습니다. 쿠빌라이 칸이 준 편지와 황금 명패가 없었다면 그들은 집으로 돌아갈 수 없었을 것입니다. 강도들이 도처에 있었지만 칸의 보호를 받고 있다는 사실 덕분에 강도들이 쉽게 폴로 일행을 공격하지 못했습니다. 폴로 가족은 페르시아와 아르메니아를 거쳐 흑해를 접하고 있는 트레비존드까지 종종 200여 명의 기병으로 구성된 호위대의 보호를 받으며 여행했습니다.

마지막까지 남았던 황실 호위대는 트레비존드 항구에서 폴로 가족을 떠났습니다. 마르코는 배를 빌렸습니다. 선원들은 폴로 가족의 소지품들을 모두 배에 싣기 시작했습니다. 마르코와 니콜로, 마페오는 선장과 함께 북적대는 부두 위에 서 있었습니다. 선장은 물건을 실은 대형 나무 상자들과 트렁크, 그들이 들고 가는 상자들을 모두 기록하고 있었습니다.

그때 갑자기 날카로운 비명 소리가 들렸습니다. 폴로 가족과 선장이 돌아보자 강도들이 떼를 지어 부두로 몰려오고 있었습니다. 사람들을 겁주기 위해 얼굴에 칠을 한 강도도 있었고 머리카락과 수염을 바짝 깎은 강도도 있었습니다. 폴로 가족은 충격을 받은 나머지 잠시 동안 꼼짝도 하지 못했습니다. 그러나 머뭇거릴 틈이 없었습니다. 선장은 즉각 행동을 개시했습니다.

"서두르세요, 나리들. 얼른 챙겨서 배에 오르세요!"

그가 다급하게 소리쳤습니다.

"저희가 잠시나마 그들을 붙들고 있겠지만 제 선원들의 목숨을 나리들의 보물과 바꿀 수는 없습니다."

폴로 가족은 근처에 있는 작은 가방들을 들고 몸을 휙 돌렸습니다. 그리고는 배를 향해 뛰었습니다. 그들 주위의 모든 사람들이 칼이나 도끼를 휘둘렀습니다. 마르코는 움찔했습니다. 단검이 쌩하며 귓전을 스치고 지나갔기 때문입니다. 단검은 그 앞에 있는 나무 배의 선체에 텅 하고 박힌 채 흔들렸습니다. 폴로 가족은 배의 줄을 잡고 얼른 올랐습니다. 선원들도 배로 돌아와야 했습니다. 안타깝게도 이쪽의 숫자가 훨씬 적어 불리했습니다. 강도들은 선원들이 배 쪽으로 물러나자 폴로 가족의 보물을 훔치는 데 주의를 돌렸습니다.

▶ **트레비존드의 모스크**

터키 북동부에 자리 잡은 트레비존드에는 고대 로마인들이 세운 항구, 비잔틴 시대의 성벽, 모스크, 비잔틴 교회 등이 있다.

배가 항구를 출발했을 때 폴로 가족은 배의 난간을 붙잡고 우두커니 서 있었습니다. 몇 년 동안 안전하게 여행을 했기 때문에 고국을 코앞에 두고 이렇게 보물을 몽땅 잃게 될 줄 꿈에도 생각하지 못했습니다. 그들은 손에 들고 있던 가방과 미리 배에 실었던 대형 상자에 든 물건들을 제외하곤 모두 잃어버렸습니다. 게다가 그것들도 대부분 선장과 선원들에게 뱃삯으로 치러야 할 것들이었습니다. 저 멀리 동쪽의 나라까지 이어진 기나긴 실크로드를 정복한 부유한 영웅이 되어 베네치아로 돌아간다는 꿈은 이제 물거품이 되고 말았습니다.

바다의 실크로드

실크로드는 이제 바닷길도 생겼습니다. 이 길은 중국에서 시작됩니다. 그중 하나는 남쪽 중국해를 건너 말라카 해협을 통해 인도, 아라비아, 페르시아, 페르시아 만, 홍해로 가는 길입니다. 또 다른 바닷길은 아프리카 동부 해안으로 내려가 탄자니아로 가는 방법입니다. 폴로 일행은 베트남 해안을 따라 말레이시아 반도와 인도네시아 제도 주변을 지났습니다.
바다의 실크로드는 도자기와 향신료의 교역로로 이용됐습니다. 도자기는 무겁고, 깨지기 쉽기 때문에 배로 운반했고, 인도와 동남아시아 등에서 나는 향신료를 아랍과 유럽 지역으로 운송하는 데도 바닷길을 이용하는 것이 더 편리했습니다. 바다의 실크로드는 15세기 중엽 중국 명나라의 정화가 일곱 차례의 대항해를 통해 바닷길을 개척하면서 크게 발달했습니다.

[슬픈 귀국]

마르코와 니콜로, 마페오는 그들이 떠난 지 24년 만인 1295년 말경에 베네치아로 돌아왔습니다. 그들은 지쳤지만 집으로 돌아오게 되어 기뻤습니다. 부자가 되진 못했지만 마르코는 사람들이 줄을 서서 그들의 이야기를 듣고 신비한 동방에 대해 배우게 될 것이라고 생각했습니다. 그는 나눌 것이 아주 많았습니다!

그러나 아무도 폴로 가족을 알아보지 못했습니다. 중국의 뜨거운 여름이 그들의 얼굴을 검게 태우고 주름지게 했기 때문입니다. 게다가 그들은 아무도 본 적 없는 옷을 입고 있었습니다. 마르코는 떠날 때 17세의 소년이었지만 이제 41세의 중년이 되어 돌아왔습니다. 베네치아 사람들은 이 세 명의 폴로 가족들이 오래전에 죽었을 거라고 생각했습니다.

세 사람은 친척들이 자신들이 남겨 두고 떠난 집에서 살고, 자신들의 사업을 운영하고 있다는 사실을 알고 속이 상했습니다. 세 사람은 그들이 베네치아에 남겨 둔 것이 아무것도 없다는 사실을 깨달아야 했습니다. 그들은 상인으로서의 삶을 새로 꾸려 가기로 마음먹었습니다. 교역할 것이 많이 남아 있지는 않았지만 그들은 영리했습니다. 그리고 여전히 귀족이었습니다.

모든 것을 잃었지만 마르코의 여행 기록장은 다행스럽게도 화물 상자에 남아 있었습니다. 그는 그것을 꺼내 며칠 밤 동안 불을 켜고 읽었습니다. 그것은 그의 기억들을 더욱 생생하게 해 주었습니다.

▶ 마르코 폴로의 군함
마르코가 지휘했던 거대한 베네치아 군함에는 120개의 노와 거대한 투석기가 설치되어 있었다.

루스티첼로
이탈리아의 작가. 피사와 제노바와의 전쟁에서 포로로 잡혀 제노바 감옥에 수감되어 있다가 마르코 폴로를 만났다. 감옥에서 마르코 폴로가 들려주는 여행기를 받아 적었다고 알려져 있다. 그 책이 『동방견문록』이며, 이로 인해 유명해졌다.

마르코는 나중에 베네치아의 교역 경쟁국인 도시 국가 제노바와의 전쟁에 군함 지휘관으로 참전하게 되었습니다. 1298년 베네치아가 싸움에서 지자 마르코는 포로가 되어 제노바 감옥에 갇히게 되었습니다. 그는 감옥에서 루스티첼로라는 작가를 만났습니다. 니콜로는 감옥에 있는 마르코에게 그의 여행 기록장을 보내주었습니다. 마르코와 루스티첼로는 마르코의 여행 이야기를 책으로 썼습니다.

[마르코의 책]

포로들이 석방되고 나서 마르코의 책은 유명해졌습니다. 사람들은 다른 나라의 이야기, 낯선 의복, 이상한 동물들과 음식들에 대한 이야기를 읽는 것을 아주 좋아했습니다. 그들은 몽골족들과 광활한 사막에 관한 무서운 이야기들을 읽으며 몸을 떨었습니다. 불타는 검은 바위들과 종이가 돈으로 사용된다는 이야기를 읽을 때는 아주 재미있어 했습니다. 그러나 사람들은 결코 이것이 사실이라고 믿지 않았습니다. 학자들도 마르코의 얘기를 금방 무시해 버렸습니다.

▶『동방견문록』
마르코 폴로의 실크로드 여행기를 담은 『동방견문록』의 한쪽.

'백만'이라는 뜻의 밀리오네는 마르코의 별명이 되었습니다. 마르코가 얘기할 때마다 백만 개의 어쩌고, 백만 개의 저쩌고 하면서 말했기 때문에 사람들은 그를 백만 가지 거짓말을 둘러대는 거짓말쟁이라는 뜻으로 밀리오네라고 불렀습니다. 사람들이 그를 놀린 것이었습니다. 불쌍한 마르코는 그래도 중국에서 자신이 직접 경험했던 이야기를 멈추지 않았습니다. 유럽의 어느 도시보다도 더 큰 도시들, 친구로 지낸 황제, 여행할 때 사용했던 황금 명패, 공주의 호위대……. 그의 수백만 가지 이야기들은 어디에서도 그 증거를 찾을 수 없었습니다. 그래서 마르코가 책에서 한 모든 얘기는 백만 가지 거짓말처럼 들렸습니다.

나중에 마르코는 결혼해서 딸 셋을 두었습니다. 딸들은 잠들기 전 마르코가 들려주는 옛이야기를 아주 좋아했습니다. 적어도 그녀들만은 언제나 그 이야기가 사실이라고 믿었습니다.

1324년에 마르코가 죽음을 눈앞에 두고 있을 때였습니다. 친구들이 찾아와 마르코에게 그가 책에 쓴 모든 것이 지어낸 얘기라는 것을 인정하라고 애원했습니다.

"아닐세!"

마르코는 대답했습니다.

"나는 거짓말을 하지 않았네. 어떤 것도 취소하지 않을 걸세. 나는 내가 본 것의 절반도 말하지 못했어."

그는 책에서 이야기한 모든 것이 사실임을 다시 한 번 확실히 하고 세상을 떠났습니다.

마르코 폴로는 24년 동안 실크로드를 따라 중국과 그 주변 국가들을 여행했습니다. 그는 중국을 방문한 유럽 여행가들 가운데 한 사람이었습니다. 그는 중국과 실크로드를 유럽인들에게 처음으로 소개했습니다. 그렇지만 그가 고국으로 돌아온 후 몽골 제국의 평화는 끝이 났습니다. 마르코의 책은 동방 세계와 실크로드에 대해 유럽인이 쓴 마지막 설명으로 오랫동안 전해 내려오게 되었습니다.

 마르코 폴로의 『동방견문록』

마르코는 루스티첼로에게 이야기를 받아 적게 할 때 자신의 기억과 여행 기록장을 참고했습니다. 루스티첼로는 이야기를 더 재미있게 하기 위해 조금 보탰습니다. 우리는 마르코가 루스티첼로에게 어떤 이야기를 했고 루스티첼로는 또 어떤 이야기를 더 보탰는지 알 길이 없습니다.

몇 달 안에 이 책은 지금의 이탈리아 곳곳으로 퍼졌습니다. 그리고 곧 12개 언어로 번역되었습니다. 유럽에는 인쇄술이 아직 발달하지 않았기 때문에 사람들은 이 책을 필사했습니다. 그들은 이야기의 어떤 부분은 덧붙이고 또 어떤 부분은 삭제하면서 이야기를 변형시키기도 했습니다. 때때로 실수도 했습니다. 그래서 필사본들 중에는 똑같은 것이 없습니다. 원본은 발견되지 않았지만 약 140개의 다양한 필사본들이 남아 있습니다.

실크로드로 배우는 세계·문화·역사

○마르코 폴로는 어떤 사람일까요?
○『동방견문록』은 어떤 책일까요?
○마르코 폴로의 시대, 중세 유럽
○실크로드와 동서 교역
○마르코 폴로의 실크로드 여행 경로
○세계 역사 연표

마르코 폴로는 어떤 사람일까요?

실크로드는 육상 또는 해상을 통한 동서 교역로를 가리키는 말입니다. 중앙아시아의 여러 오아시스를 경유하는 오아시스길, 유라시아 대륙의 북방 초원 지대를 횡단하는 초원길, 남쪽의 아라비아 해, 인도양, 동남아시아를 돌아서 동아시아로 이어지는 바닷길을 보통 실크로드의 3대 간선 도로라고 부릅니다. 이 중에서 오아시스길은 사막에 점처럼 띄엄띄엄 박혀 있는 오아시스 도시를 잇는 카라반의 통로로서, 오랫동안 가장 중요한 역할을 했습니다.

마르코 폴로에 대해서는 『동방견문록』에 나오는 내용 외에는 알려진 것이 없습니다. 그는 17세 때인 1271년 아버지, 삼촌과 함께 중국 원나라(몽골 제국)로 가서 17년 정도를 그곳에서 지내다가 41세 때인 1295년에 고향 베네치아로 돌아왔습니다. 중국으로 갈 때는 육지의 실크로드를 따라 갔고 고향으로 돌아올 때는 바다의 실크로드를 따라 왔습니다.

그의 귀향에 대해 전하는 재미있는 이야기가 있습니다. 마르코 폴로와 아버지, 삼촌 일행이 고향에 돌아왔을 때 행색이 초라했기 때문에 아무도 그들의 놀라운 여행 이야기를 믿지 않았습니다. 그러자 그들은 잔치를 열어 사람들을 모아 놓고는 입고 있던 더러운 옷 솔기를 뜯어 보였습니다. 옷 속에서는 숨겨 둔 다이아몬드, 루비, 에메랄드 같은 값비싼 보석들이 쏟아져 나왔고, 사람들은 그제서야 마르코 일행의 말을 믿었다고 합니다. 마르코 폴로의 별명인 '밀리오네(백만)'는 그가 허풍쟁이라서가 아니라, 정말로 백만장자였기 때문에 붙은 것이라는 이야기도 있습니다. 하지만 그가 죽은 후 남긴 유산 목록을 보면 그 정도로 부자는 아니었던 것이 분명합니다.

　　중국 원나라 황제 쿠빌라이 칸의 친구가 되어 중국에서 중요한 일을 많이 했다는 마르코 폴로의 말이 사실이라면 정말 대단한 일입니다. 그런데 안타깝게도 중국에는 마르코에 대한 기록이 남아 있지 않습니다. 그래서 마르코 폴로가 정말 중국에 갔는지, 그냥 허풍일 뿐인지 의심하는 사람들이 많습니다.

『동방견문록』은 어떤 책일까요?

　　『동방견문록』의 원래 제목 중 하나는 '세계에 대한 설명'입니다. 『동방견문록』이라는 제목은 일본에서 붙인 것으로, 한자로 '동방'은 '동양'을 말하고 '견문록'은 '보고 들은 것의 기록'이라는 뜻입니다. 하지만 실은 이 제목은 정확하지 않습니다. 마르코 폴로는 자기가 여행한 곳에 대해서만 쓴 것이 아닙니다. 가 보지는 않았지만 남에게 들어서 알고 있는 세계 이야기에다가 자기가 여행한 곳 이야기를 섞어서 썼습니다. 게다가 마르코 폴로가 말한 것을 루스티첼로라는 작가가 옮겨 적으면서 이야기를 부풀렸다는 사실도 잊어서는 안 됩니다. 그 뒤 여러 사람들이 이 책을 베끼면서 점점 과장된 이야기들이 섞이게 되었습니다.

근래에는 많은 학자들이 마르코 폴로가 정말 중국에 갔다고 믿고 있습니다. 그 시대 중국에 살았어야만 알 수 있는 일들이 『동방견문록』에 나와 있기 때문입니다.

『동방견문록』은 그 후로 많은 탐험가들에게 희망과 용기를 주었습니다. 책 속에 소개된 부유한 중국과 황금의 나라 지팡구를 찾아서 많은 이들이 동방으로 향했습니다. 콜럼버스는 이 책을 몇 번이고 되풀이해 읽으면서 꿈을 키웠습니다. 항해를 떠날 때 그가 짐 속에 가장 소중하게 챙긴 것도 바로 『동방견문록』이었다고 합니다.

우리가 특히 눈여겨볼 점은 『동방견문록』에 나와 있는 여러 나라들에 대한 마르코 폴로의 생각입니다. 그는 여러 나라의 사람들과 풍습에 대해 이야기하면서 놀라워하고 신기해했지만, 그들을 깎아내리거나 흉본 적은 없습니다. 자기 고향인 유럽과 비교하면서 유럽이 더 뛰어나다고 하지도 않았습니다. 이런 그의 태도는 다른 유럽 사람들과 구별되는 점입니다. 그후 동양으로 온 유럽인들은 동양 사람들이 자기들보다 뒤떨어졌다고 무시하면서 노예처럼 부려 먹거나 물자를 빼앗아 갔습니다. 자기와 다른 문화와 사람들을 있는 그대로 인정할 줄 알았던 마르코 폴로의 정신은 오늘날에도 좋은 본보기가 됩니다.

마르코 폴로의 시대, 중세 유럽

　마르코 폴로가 살았던 13세기 유럽은 '중세'라고 불리는 시기에 속합니다. 유럽의 중세는 서로마 제국이 멸망한 5세기부터 비잔티움 제국(동로마 제국)이 멸망한 15세기까지 약 천 년 동안의 기간을 말합니다. 유럽의 중세를 이해하기 위한 핵심어 두 가지는 봉건제와 크리스트교입니다.

「중세 기사들의 봉건제」

　유럽은 9세기 이후 프랑크 왕국이 무너지고 북쪽의 바이킹들의 침략이 많아지면서 혼란스러워졌습니다. 이때 자기를 지키기 위해 무기와 말을 갖추고 전쟁에 나가는 '기사'들이 나타났습니다. 힘이 약한 많은 사람들이 기사에게 보호를 요청하고 그의 밑으로 들어갔습니다. 이를 통해 세력을 키워 가는 기사들이 늘어났습니다. 가장 큰 세력을 가지고 자기 아래에 여러 기사를 거느린 자가 왕이 되었고, 그 밑에 공작·백작 등의 제후들이 있습니다. 이들은 모두 같은 귀족이자 지배층이었습니다. 이들 사이에 서로 계약을 맺어 충성과 그 대가를 주고받는 것을 '봉건제'라고 합니다.

　왕에게 충성을 맹세하는 기사는 그 대가로 땅을 받습니다. 자기가 다스릴 수 있는 땅을 가진 기사를 '영주'라고 하고, 그가 가진 땅을 '장원'이라고 합니다. 그는 자기 장원과 거기 사는 농민들을 마음대로 이용할 수 있는 권리를 가졌고 이는 왕이라도 함부로 간섭할 수 없었습니다. 그러다 보니 왕권은 그다지 강하지 않았습니다.

「중세 유럽인의 종교, 크리스트교」

중세 유럽의 또 다른 특징은 모든 사람들이 크리스트교를 믿고 있었다는 것입니다. 크리스트교에서 가장 높은 사람을 교황이라고 하는데, 교황의 권력은 왕보다 훨씬 강했습니다. 1095년 교황 우르바누스 2세는 유럽의 왕들과 기사들을 모아 크리스트교의 성스러운 땅, 예루살렘을 차지하기 위한 '십자군 전쟁'을 시작합니다. 당시 예루살렘은 이슬람교를 믿는 셀주크 튀르크의 지배하에 있었습니다. 이후 200여 년 동안 십자군은 여덟 차례 원정을 떠났습니다. 십자군 전쟁은 종교적 목적 외에도 해외의 영토와 동방 교역로를 차지하려는 목적도 있었습니다. 결국 성지 예루살렘을 빼앗지는 못했지만 동방 무역이 활발해지면서 상공업 도시가 번창하는 결과를 낳았습니다.

「이탈리아 도시 국가와 동방 무역」

마르코 폴로가 살고 있던 13세기, 베네치아 같은 이탈리아 도시 국가들은 해외 무역을 통해 성장한 대표적인 상업 도시로, 유럽의 다른 국가들과는 상황이 달랐습니다. 왕이 없고 상인 귀족들이 중심이 되어 도시 국가를 지배하면서 봉건제와 교황권의 영향을 덜 받았던 것입니다. 상인들은 장사를 통해 이익을 얻는 것을 가장 중요하게 여깁니다. 그러다 보니 크리스트교를 믿지 않는 나라 사람들과도 자유롭게 무역을 했습니다. 13세기 중반 이후 몽골 제국이 성장하고 실크로드가 안전해지자 이탈리아 도시 국가들은 동방 무역을 통해 많은 돈을 벌어 더욱 번영을 누렸습니다.

동방 무역에서 거래되는 비단 등 여러 귀중한 물건들은 실크로드의 동쪽 끝인 중국에서 건너왔습니다. 마르코 폴로가 방문했을 당시 중국은 '원(元)'이라는 이름을 가진 나라였습니다. 1206년 이후로 칭기즈칸이 세운 몽골 제국은 유럽과 아시아에 걸쳐

광대한 지역을 정복했고, 마침내 1279년 칭기즈칸의 손자 쿠빌라이 칸에 이르러 중국을 완전히 통일하고 나라 이름을 '원'으로 고쳤습니다. 원나라는 실크로드를 통해 동서양 문물을 받아들이고 세계에서 가장 부유한 나라가 되었습니다.

실크로드와 동서 교역

실크로드는 천 년의 오랜 세월 동안 동양과 서양을 이어 주었습니다. 이 길을 따라 많은 도시들이 생겨났고 여러 나라의 상인들이 만나서 서로 물건을 사고팔았습니다. 실크로드는 육지에서 초원 실크로드와 오아시스 실크로드가 발달했고, 바다에서는 바다 실크로드가 생겨났습니다. 마르코 폴로는 오아시스 실크로드와 바다 실크로드를 통해 여러 지역을 방문했습니다. 그는 이곳저곳에서 시장이 생겨나는 것을 보았고, 그 자신도 아마 장사에 뛰어들었을 것입니다.

그런데 여러 나라 사람들이 만나는 실크로드에서는 어떻게 장사를 했을까요? 마르코 폴로를 따라 육지 실크로드의 카슈가르 시장에 가 볼까요?

한·당 시대 중국의 교역 실크로드

「상인들의 의사소통 방법」

카슈가르는 실크로드 북쪽 길과 남쪽 길이 교차하는 곳에 위치한 도시로, 실크로드에서도 유명한 큰 시장이 열리는 곳입니다. 왁자지껄, 시끌벅적. 옷차림도 생김새도 서로 다른 사람들이 여기저기서 물건을 사고팔고 있습니다. 검은 머리에 검은 눈을 한 사람도 있고, 갈색 머리에 푸른 눈을 한 사람도 있습니다. 그중에서도 중국, 인도, 페르시아 상인들이 특히 많았습니다. 여기저기서 열두어 개 나라 말이 섞여서 들려왔습니다.

그런데 이 사람들은 서로 어떻게 말이 통했을까요? 오늘날 국제적으로 영어를 많이 쓰듯이, 그 당시에는 장사를 할 때 페르시아어를 많이 썼습니다. 그렇지만 상인들은 기본적으로 외국어를 여러 개 익혔습니다. 그래야 여러 나라 사람들과 장사하기 편했기 때문입니다. 마르코 폴로도 이탈리아어, 위구르어, 페르시아어, 몽골어 등 4개 언어를 말할 수 있었다고 합니다.

「실크로드의 교역 물건」

카슈가르 시장에서 사고파는 물건의 종류는 아주 많았습니다. 그중에서도 특히 많이 거래되던 것들로 비단, 향신료, 도자기 등이 있었습니다.

비단 : '실크로드'라는 길의 이름은 비단(실크) 상인들이 오가는 길이라는 데서 비롯된 것입니다. 누에를 키워 비단을 만드는 방법은 중국에서 시작되어 오랫동안 비밀로 지켜지고 있었습니다. 귀한 중국 비단을 구하기 위해 여러 나라 상인들은 위험한 사막을 건너고 높은 산을 넘어 중국으로 향했습니다. 중국 비단은 고대 로마에서도 유명해서 비싸게 팔렸습니다.

5세기 무렵 이후 비단 만드는 기술은 점차 중국 밖으로 전해져서 다른 나라들도 비단을 만들기 시작했습니다. 그렇지만 여전히 중국 비단이 가장 명품으로 여겨졌습니다.

향신료 : 음식에 향기와 맛을 더해 주는 향신료는 시장에서 많이 팔리는 인기 품목 가운데 하나였습니다. 인도·수마트라·자바에서 나는 후추, 인도·스리랑카·중국 남부에서 나는 육계(계피의 일종), 몰루카 제도의 정향, 반다의 육두구 등이 대표적입니다.

향신료는 유럽에도 전해져서 크게 사랑 받았습니다. 옛날에는 냉장 시설이 없어서 고기 등의 음식이 잘 상했습니다. 그럴 때 후추 같은 향신료를 뿌려 주면 독도 없어지고 맛도 좋아졌기 때문입니다. 인도·동남아시아 등에서 카슈가르까지 운반된 향신료는 페르시아 상인들이나 아랍 상인들이 많이 샀습니다. 이런 중간 상인들이 향신료를 육지아 바다 실그로드로 유럽 근처까지 운반해 가면 거기서 베네치아 상인들이 샀습니다. 이들은 이 향신료를 유럽 지역에 원래 값의 수십 배를 받고 다시 팔아서 큰돈을 벌었습니다.

도자기 : 중국산 노자기도 아주 유명했습니다. 카슈가르에 모인 상인들도 이 도

자기들에 탐을 냈습니다. 특히 청화백자라고 하는 도자기가 아주 인기가 많았습니다. 청화백자는 하얀 바탕에 파란색 물감으로 그림을 그려 넣은 도자기인데, 파란 물감의 원료는 주로 아랍 지역에서 수입되었고 이 도자기를 가장 많이 사간 상인들도 아랍 상인이었습니다.

도자기는 깨지기 쉬워서 운반하는 것이 가장 큰 문제였습니다. 말이나 낙타 등에 실어서 운반하다 보니 먼 길을 가는 중에 깨지는 일이 많았습니다. 그래서 주로 바다 실크로드를 이용해서 배로 운반하게 되었습니다.

재미있는 사실은 우리나라 신안 앞바다에서 고려 시대에 침몰한 배 한 척이 발견되었는데, 그 안에 먼 서역의 물건들과 함께 중국과 고려 도자기들이 많이 있었다는 점입니다. 고려도 실크로드 교역에 참여하고 있었다는 사실을 보여 주는 것이지요.

「상인이 사용한 지불 수단」

처음 실크로드 시장이 생겨나기 시작했을 때 상인들은 자기들이 가져온 물건을 서로 바꾸어 가져갔습니다. 그러다가 점차 금이나 은이 오늘날 돈 역할을 하게 되었습니다. 중국에서는 동전이 사용되었고, 원나라 때는 지폐도 널리 사용되었습니다. 지금은 일상적으로 사용하지만 마르코 폴로는 처음 지폐를 보고 깜짝 놀랐다고 합니다. 그냥 작은 종이 조각을 주었을 뿐인데 커다란 고깃 덩어리를 받는 것입니다! 지폐는 상업이 아주 발달한 나라에서 나타난 돈이었습니다.

카슈가르 시장에서도 필요에 따라 여러 종류의 돈이 오갔지만, 특히 많이 사용된 것은 '은'이었습니다. 실크로드의 대부분 지역에서 은이 가장 널리 사용된 돈이었기 때문입니다. 그 영향으로 중국이나 유럽에서도 은의 가치는 점점 높아졌습니다.

「상인들의 이동 수단」

　육지의 실크로드를 따라 가는 상인들은 거친 사막과 높은 산을 지나야 합니다. 혼자서 가는 것은 너무 위험하기 때문에 여러 명이 함께 이동하는데 이들을 '카라반'이라고 합니다. 카라반은 한자로 '대상(隊商)'이라고도 하는데, '무리지어 가는 상인'이라는 뜻입니다.

　대상들은 주로 낙타를 타고 이동합니다. 보통 200~300마리의 낙타가 꼬리에 꼬리를 물고 한 줄로 천천히 움직였습니다. 낙타는 '사막의 배'라고 불릴 만큼 중요한 운반 수단이었습니다. 낙타는 콧구멍을 여닫을 수 있고 귓속털도 길어서 사막의 모래바람에 잘 견딜 수 있습니다. 최대 20일까지는 물 없이도 버틸 수도 있고, 무거운 짐을 싣고도 쉬지 않고 일주일 정도 걸을 수 있습니다. 음식이 부족한 위급한 상황에서는 낙타 젖이나 고기를 먹기도 했습니다. 사막을 건너려면 낙타가 반드시 필요했습니다.

　카슈가르에 온 대상들은 대상을 위한 숙소에 묵었습니다. '카라반사라이'라고 하는 이 숙소에는 침실, 주방, 욕실에다가 낙타가 쉴 수 있는 시설도 있어서 아주 편리했습니다. 이런 숙소가 실크로드 곳곳에 있었습니다.

　실크로드의 상인들은 단순히 장사만 한 것이 아닙니다. 동서양 문화를 서로 전달해 주는 역할도 했습니다. 다양한 문화와 사람들이 섞여 번성했던 실크로드는 지금까지도 전 세계 사람들의 소중한 문화유산으로 남아 있습니다.

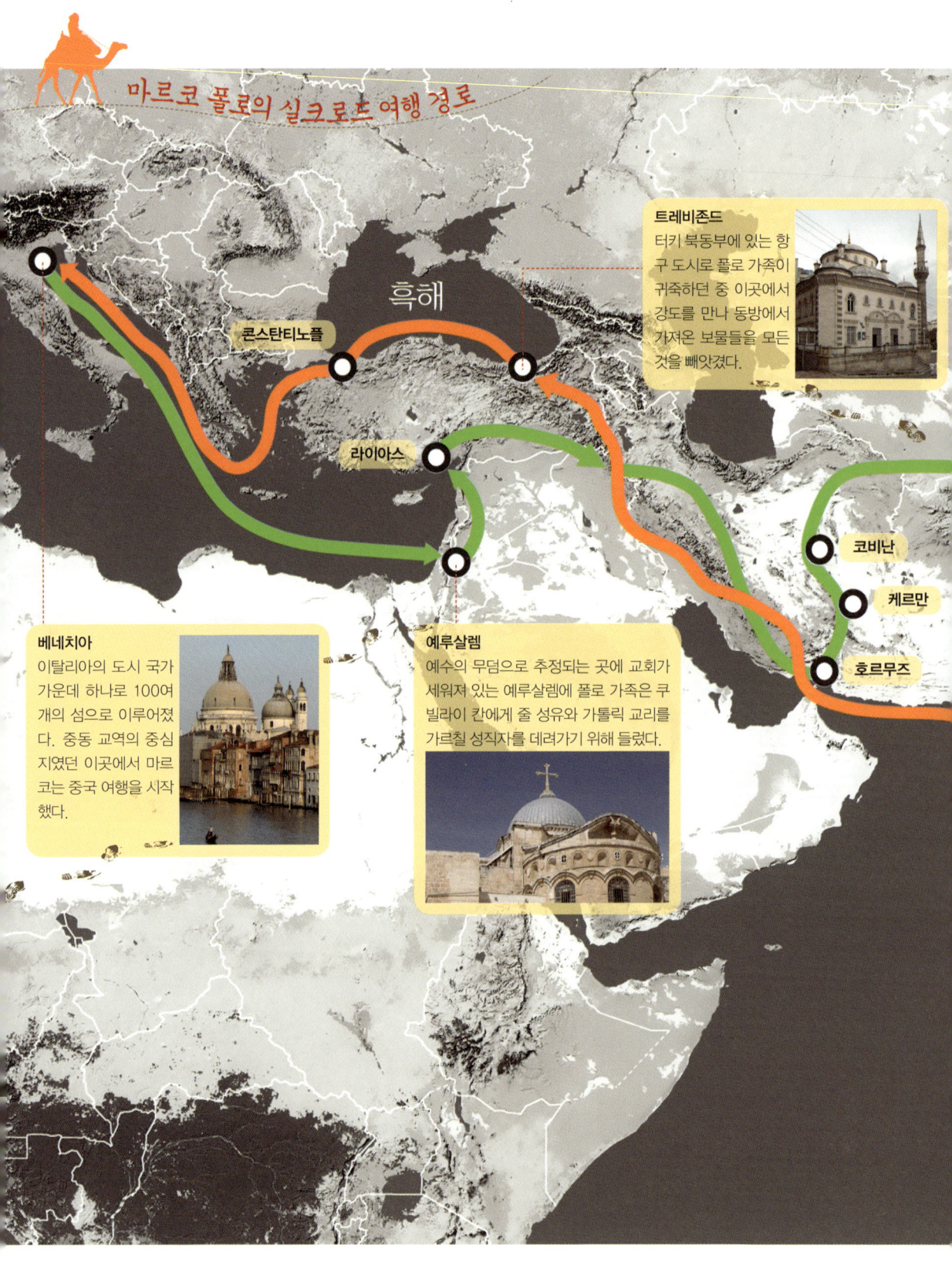

세계 역사 연표

		세계	이탈리아	한국

12 세기	유럽
	신성
	로마제국
	(962~1806)
		-1115 여진족, 금의 건국
		-1127 북송 멸망, 남송 건국
		
		-1152 신성 로마 황제
		    프리드리히 1세 즉위
		
		-1187 이슬람의 예루살렘 탈환
			-1143 콤무네 성립
			
			-1188 교황 클레멘스 3세,
			  콤무네 정부 승인
				-1107 윤관의 여진 정벌
				
				-1135 묘청의 서경천도 운동
				
				-1170 무신정변
				
				-1196 최충헌의 집권
				-1198 만적의 난

13 세기	\
	서아시아
	이슬람 왕조,
	일칸국
	\
	중앙아시아
	몽골 제국,
	원나라,
	명나라
		-1206 칭기즈칸 몽골 제국 수립
		-1215 영국 대헌장 건설
		
		-1227 칭기즈칸 서하 정복
		
		-1271 쿠빌라이 칸 원나라 수립
		
		-1299 오스만 제국 수립
			도시
			국가
			시대
			(843
			~
			1861)
			
			-1254 마르코 폴로 탄생
			
			-1271 그레고리오 10세
			  교황 선출, 마르코 폴로
			  중국으로 출발
			
			-1275 마르코 폴로,
			  쿠빌라이 칸 알현
			
			-1292 마르코 폴로 귀향
			  제노바 해전 참전
			-1299 마르코 폴로,
			  『동방견문록』 발간
			-1309 교황 클레멘스 5세
				고려
				
				-1219 몽고와 통교
				
				-1231 몽고의 1차 침입
				-1232 강화 천도
				
				-1270 개경으로 환도,
				  삼별초의 대몽 항쟁

14 세기		-1368 원나라 멸망	-1324 마르코 폴로 사망	-1359 홍건적의 침입 -1389 박위 쓰시마 섬 정벌 조선 -1392 고려 멸망, 조선 건국

찾아보기

ㄱ

가잔 왕자 99
가톨릭 26, 34, 38~39
계절풍 96, 98
계피 64
고려 119
고비 사막 52, 69, 70, 72
곤돌라 30
교역 23
교역로 89
교황 34, 38, 40, 41
그란데 운하 31
그리스 28
그리스어 26
금화 28, 38, 87
기사 113

ㄴ

낙타 98
누에 117
니콜로 26, 34

ㄷ

다이아몬드 48
대상 119
도자기 102, 117, 118
동방 23, 29, 103, 106, 111
동방견문록 15, 18, 105, 107, 111, 112

ㄹ

라무치오 18
라자그리하 83
라이아스 14, 15, 40
라틴어 26
레자 104, 107, 111
로마 117
루비 48
루스티첼로 104, 107, 111
루트 사막 14, 15, 40

ㅁ

마르코 폴로 양 65
마페오 102
말레이시아 반도 102
매 사냥 102
멜론 63
모스크 101
모스크바 32
모피 63
몰루카 제도 118
몽골 32, 34, 106, 114
몽골 공주 96, 99
몽골족 32, 105
미얀마 28, 84
밀리오네 105

ㅂ

바닷길 28
바이킹 113
방혈 59
베네치아 14, 23, 24, 26, 27, 28, 30, 31, 32, 34, 40, 76, 103, 104, 111
베르케 칸 32

베이징 102
베트남 102
벨라도나 102
벵골 만 96
봉건제 113
볼가 강 32
부하라 32
북아프리카 28
불교 34, 37
비단 14, 26, 48, 76, 114, 117
비잔티움 113
비잔틴 시대 101

ㅅ

사마르칸트 34
사우디아라비아 49
상도 12, 34, 76, 77
상아 26, 48
상업 120
성유 34, 38, 41
성직자 34, 38, 39
셀주크 투르크 114

수로 도시 28, 30
수마트라 섬 96, 97, 118
수사 16, 17, 39, 40, 41
스리랑카 118
십자군 32

ㅇ

아드리아 해 24
아라비아 102
아라비아 해 110
아랍 상인 117, 118
아르군 89, 91, 98
아르메니아 14, 16, 40
아모이 항 96
아시아 34, 38
아조프 해 32
아프가니스탄 52, 58
악어 52, 58
야크 60, 61, 62, 68, 75
양 52, 58
양탄자 46, 38, 87
영주 113

에스파냐 28
예루살렘 34, 38, 41
원나라 110, 111
오아시스 68, 110, 115
우르바누스 2세 114
우즈베키스탄 32
유라시아 대륙 110
유롱 카슈 69
유니콘 33
유럽 33
유리잔 26, 38
육두구 64, 117
은 118, 119
은화 28, 38
이란 26, 38
이스켄데룬 만 40
이스탄불 32
이집트 28
이탈리아 24, 27, 107
이딜리아어 26
인도 26, 28, 42, 50, 63, 89, 98, 102, 117
인도네시아 96
인도네시아 제도 102

찾아보기

인도양 110
인쇄술 107
일 밀리오네 18

ㅈ

자고새 45
자바 117
장원 113
전제주의 27
정화 102
제노바 27, 28, 40, 104
조로아스터교 46
중국 17, 18, 23, 26, 28, 32, 33, 34, 36, 37, 38, 41, 42, 44, 55, 59, 63, 74, 103, 105, 106
중동 28, 40
중세 113
지광구 112
지중해 40
지폐 87, 88, 11
진주 48, 98, 99, 121

진주조개 잡이 98

ㅊ

차비 37
청화백자 118
추기경회 38
측량법 26
칭기즈칸 37, 48, 89, 114, 115

ㅋ

카라반 6, 32, 45, 68, 69, 73, 75, 77, 110, 119
카라반사라이 45, 120
카라 카슈 69
카슈가르 34, 42, 62, 63, 64, 115, 116, 118, 119, 120
카스피 해 32
칸 33~38, 41, 44, 68, 76, 77, 78, 79, 82~85, 87~92, 99, 122

케르만 45, 46, 47, 48
케르만 매 45, 46, 47, 48
케랄라 98
쿠빌라이 칸 33, 34, 36~38, 41, 76, 77, 79, 80, 82~84, 87, 89, 90, 92, 99, 111, 115, 122
코비난 54, 64
코카친 89, 98
코코넛 97
콘스탄티노플 32
쿤룬 산맥 63
크리스트교 114
크림 반도 32

ㅌ

타타클라마칸 사막 62, 68
터키 28, 32
터키석 46
톈산 산맥 63
투르크 옥 46
티베트 84

트레비존드 98, 99, 101	페르시아어 38, 46, 117	호르무즈 40, 42, 44, 48, 50
	프랑스어 26	호탄 52, 68
	피사 27, 40	화폐 26
ㅍ		황금 명패 34, 36, 92, 98, 105
		후추 64
파미르 고원 42, 60, 62	**ㅎ**	흰 꼬뿔소 97
팔레피 42, 60, 62		힌두쿠시 산맥 42, 60
페르시아 42, 45, 49, 55, 63, 89, 90, 91, 96, 98, 102	향신료 14, 26, 48, 63, 102, 117	흑해 32, 99
	호라산 40, 42, 44, 48, 50	
페르시아 만 44, 102	호랑이 40, 42, 44, 48, 50	

사진 출처_
12 톈산 산맥, 25 베네치아, 31 그란데 운하, 33 부하라의 아르크 성, 51 낙타, 52 루트 사막, 56 페르세폴리스 58 아프가니스탄 동부 산맥, 60 파미르 고원, 70 고비 사막, 80 쿠빌라이 칸의 여름 궁전, 84 호랑이, 97 수마트라 섬 ⓒdreamstime, 37 쿠빌라이 칸, 46 투르크 옥, 63 카슈가르, 120 낙타 ⓒwikipedia, 27 이탈리아 제노바, 64 육두구, 98 인도 케랄라 지역의 어부들 ⓒistockphoto, 29 베네치아, 59 벨라도나, 77 쿠빌라이 칸을 접견하는 마르코 일행 ⓒclipart, 47 케르만 왕국의 밤성, 101 트레비존드의 모스크 ⓒfotolia

지도 그림_
마르코 폴로의 여행 경로, 한·당 시대 중국의 교역 실크로드 ⓒ**치영훈**

[지은이]

프리실라 갤러웨이
『궁수, 연금술사, 그 밖에 중세 시대의 아흔여덟 개 직업들』, 『아틀란타: 세상에서 가장 빨리 달리는 사람 이야기』를 포함한 20권 이상의 책을 써서 여러 문학상을 수상했습니다.

돈 헌터
여러 권의 청소년 책을 쓴 작가이자 편집자로 프리실라 갤러웨이와 함께 이 책을 작업했습니다. 현재 토론토에서 살고 있습니다.

[옮긴이]

양녕자
이화여자대학교 불어교육과를 졸업하고 어른과 어린이를 위한 좋은 책을 골라 번역하는 일을 하고 있습니다. 옮긴 책으로는 『월요일 아침에』, 『모로코의 이야기꾼』, 『자크 라캉』, 『모네-창해 ABC』, 『화가와 정원사』 등이 있습니다.

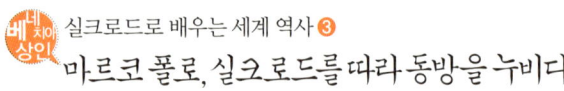

실크로드로 배우는 세계 역사 ❸
마르코 폴로, 실크로드를 따라 동방을 누비다

프리실라 갤러웨이 외 지음 | 양녕자 옮김

1판 1쇄 펴냄 2011년 7월 26일
1판 3쇄 펴냄 2014년 1월 10일

펴낸이 김정호
펴낸곳 아카넷주니어

편　집 정정희
마케팅 천정한, 우세웅
제작관리 박정은

등록 2006년 11월 23일(제2-4510호)
주소 100-802 서울 중구 남대문로 5가 526 대우재단빌딩 16층
전화 02-6366-0519(편집) 02-6366-0514(주문)　**팩스** 02-6366-0515
전자우편 editor@acanet.co.kr　**홈페이지** www.acanet.co.kr

ISBN 978-89-965640-4-1 74900
　　　978-89-965640-2-7(세트)

＊아카넷주니어는 학술, 고전 전문 출판사인 아카넷의 어린이 브랜드입니다.
＊책값은 뒤표지에 있습니다.